D1733940

Dal catalogo Guerini e Associati

ANEE - Associazione Nazionale dell'Editoria Elettronica, *Il mercato dell'editoria multimediale*, a cura di Roberto Liscia

ANEE - Associazione Nazionale dell'Editoria Elettronica, *L'anno della svolta*, a cura di Roberto Liscia

Boni Milena (a cura di), *Modelli di business nell'era digitale. Information market e risposte operative*

Caroli Matteo (a cura di), *Nuove tecnologie e marketing*

Casetti Francesco, Mariotti Sergio, Pilati Antonio, Silva Francesco (a cura di), *Cinema: secondo secolo, terzo millennio. Osservatorio BNL sui mezzi di comunicazione. Primo rapporto*

Chiarvesio Andrea, Lemmi Luca, *Personal media. Dalla comunicazione di massa alla comunicazione in rete*, prefazione di Giorgio Grossi

De Michelis Giorgio, *A che gioco giochiamo? Linguaggio, organizzazione, informatica*

Fondazione Rosselli - Istituto di Economia dei Media, *L'industria della comunicazione in Italia, 1996. Nuove tecnologie, nuovi attori, nuove regole*, a cura di Emilio Pucci

Fondazione Rosselli - Istituto di Economia dei Media, *L'industria della comunicazione in Italia. Terzo rapporto IEM. Competizione e «progetto Paese»*, a cura di Emilio Pucci

Fondazione Rosselli - Istituto di Economia dei Media, *L'industria della comunicazione in Italia. Quarto rapporto IEM. Mercati locali e mercati globali*, a cura di Emilio Pucci

Galimberti Carlo, Riva Giuseppe (a cura di), *La comunicazione virtuale. Dal computer alle reti telematiche: nuove forme di interazione sociale*

IReR, Consiglio regionale della Lombardia, Co.Re.Rat, *Radio e televisioni in Lombardia. Primo rapporto anagrafico sull'emittenza nel territorio*

Simonelli Giorgio, Ferrarotti Alessia, *I media nel pallone. Stampa, televisione, sport*, prefazione di Arrigo Sacchi

Giulio Blasi

INTERNET

Storia e futuro di un nuovo medium

GUERINI
STUDIO

viale Filippetti, 28 – 20122 Milano
e-mail: guerini@iol.it

Prima edizione: novembre 1999

Ristampa: V IV III II I 2000 2001 2002 2003 2004

Printed in Italy

ISBN 88-8335-045-6

Indice

Premessa

Internet non è una tecnologia ma uno spazio standard per l'elaborazione di tecnologie della comunicazione sempre nuove. Se alla radice di Internet troviamo un insieme di convenzioni condivise (i «protocolli» di comunicazione della suite TCP/IP) relativamente stabili nel loro nucleo principale, la storia dei primi trent'anni della sua esistenza ci mostra al contrario una sequenza impressionante di media diversi, differenziati, selezionati, eventualmente stabilizzati, spesso estinti all'interno di questo spazio standard condiviso.

La stampa, il telegrafo, il cinema, il telefono, la radio, la televisione, il fax sono tutti media che hanno subìto notevoli evoluzioni tecnologiche senza tuttavia mutare in modo sostanziale la struttura comunicativa di base che, dopo un primo periodo di stabilizzazione, li ha caratterizzati. Il telefono (non le linee telefoniche) rimane ancora in modo sostanziale un sistema di trasferimento della voce uno-a-uno; la stampa è tuttora un metodo di riproduzione della scrittura; la televisione un sistema per la trasmissione audio/video e così via. La digitalizzazione di questi media ne sta oggi trasformando in modo sostanziale le modalità produttive, gli schemi distributivi (il superamento delle forme tradizionali di *broadcasting*), il marketing. Tuttavia anche la *pay tv* o un sistema digitale di televisione interattiva (*video on demand*), frutto della convergenza tra informatica e sistemi di telecomunicazione, continuano a essere pur sempre televisione.

Su Internet una simile stabilità non è concepibile. In se stessa, Internet è un semplice sistema di regole, un insieme sempre crescente e sempre in evoluzione di «protocolli», che non dice ancora nulla sulle proprie caratteristiche di medium della comunicazione.

Trasferimento di file, posta elettronica, condivisione di programmi, sistemi ipertestuali e multimediali, *chatting* testuale, telefonia, sistemi di *conferencing* (con e senza video), controllo di apparati elettronici a distanza (ad esempio una stampante, anche se niente impedisce che persino un semaforo possa rientrare nella lista), sistemi informativi interni di un'azienda, sistemi di broadcasting informativi, distribuzione di video e audio digitale e così via, in una lista che non è possibile chiudere. Ognuno di questi, tutti assieme e molti altri che presumibilmente evolveranno in futuro, sono i media che definiscono la complessa «unità» di Internet. Se dunque Internet è un medium si tratta di un medium «mutante» e multiforme. Ecco perché una sua definizione storica, a partire dagli anni Sessanta, ci fornisce un'immagine più ricca di quella che sarebbe in grado di restituire la fotografia sincronica (e contingente) dell'attuale stato di Internet.

L'obiettivo di questo libro è dunque di offrire una mappa storica dell'evoluzione di Internet. Lo scopo non è tanto quello di fissare le tappe che hanno condotto allo stato presente della rete, ma piuttosto di suggerire che lo stato attuale di Internet è tanto labile e contingente quanto le tappe precedenti dell'evoluzione che il sistema ha subìto nei suoi primi decenni di storia.

Le ricerche da cui trae origine il sistema telematico cui oggi diamo il nome di Internet hanno infatti circa quarant'anni. La sovraesposizione mediatica degli ultimi cinque anni ha sostanzialmente oscurato il carattere composito e storicamente stratificato di Internet. Chi ha iniziato a usare Internet nel periodo del boom spesso ignora il fatto di star vivendo una fase storica avanzata della storia di Internet e non il suo stato nascente. Anche da questo punto di vista un *excursus* storico può aiutare a mettere ordine nell'immagine «pop» della rete che ci viene fornita quotidianamente dai media, dalle grandi fiere di settore, da molta letteratura e dal cinema, dalla comunicazione e dal marketing dei grandi *player* del settore.

L'11 giugno 1996, la Corte distrettuale della Pennsylvania ha dichiarato (in uno storico procedimento per valutare la costituzionalità del cosiddetto *Communications Decency Act*, un tentativo di limitare la distribuzione di materiale indecente su Internet) che Internet è un nuovo mezzo di comunicazione di massa («The Internet is a new medium of mass communication»). L'affermazione non era indirizzata agli studiosi di scienze della comunicazione ma era volta a proteggere la comunicazione su Internet secondo il dettato del primo emendamento della Costituzione americana, che fa espresso divieto di legiferare intorno a limitazioni di ogni sorta del diritto di parola e di stampa. Questa sentenza tuttavia (poi ratificata dalla Corte suprema) è di interesse generale. Possiamo davvero definire Internet un mezzo di comunicazione di massa? Possiamo dare per scontata una stabile integrazione sociale di questa tecnologia? Se anche la risposta alle domande precedenti fosse positiva senza esitazioni, quali conseguenze ha prodotto l'emergenza di Internet nel sistema globale dei media? Quali sono le aree calde entro le quali maggiormente ci si attende di verificare gli effetti di questo nuovo medium sulla nostra cultura?

Il presente volume cercherà di sintetizzare lo stato della discussione su questi temi e dunque non costituisce una guida a Internet come possono esserlo i manuali operativi né tanto meno una guida all'uso della rete e ai contenuti in essa reperibili. Il tema richiede però inevitabilmente l'utilizzo di termini tecnici per differenziare i vari servizi disponibili in rete. Per rendere più agevole la lettura ho redatto un piccolo glossario di termini che si trova in appendice a questo volume. Sul termine tecnico più ricorrente converrà fare un po' di chiarezza sin d'ora. Il termine Internet (che suggerisce già in se stesso il concetto del collegamento tra reti, della rete di reti, internet) può essere infatti impiegato in modi diversi:

a) innanzitutto designa la rete internazionale di reti di computer accomunate dall'uso dei protocolli di comunicazione TCP/IP (si vedano «Glossario», voci Protocollo, TCP/IP e il capitolo secondo, § 4), in contrapposizione ad altre reti telematiche basate su tecnologie differenti;

b) più debolmente, viene utilizzato (in genere con la «i» minuscola) a indicare qualunque rete di computer faccia uso dei protocolli TCP/IP per consentire la comunicazione al suo interno (indipendentemente dunque dal fatto che la rete stessa sia connessa a quella internazionale globale, e sia dunque una rete chiusa o delimitata);

c) talvolta il termine viene impiegato per riferirsi all'insieme delle reti telematiche internazionali come gruppo unitario e interconnesso. In passato, questo insieme globale veniva indicato con il termine «Matrix».

In questo libro mi concentro sulla storia di Internet nel primo e nel secondo dei significati indicati, ma cercherò di dare al lettore un'idea di quello che si trova fuori di Internet, nella più comprensiva Matrix. Negli ultimi anni il termine Internet ha dato luogo a una serie di derivati, tra i quali «intranet» ed «extranet» (per i quali rimando al «Glossario»). Entrambi rientrano nelle prime due definizioni di Internet che ho citato e dunque non richiedono specificazioni particolari.

CAPITOLO PRIMO

LE ORIGINI DI INTERNET

Il boom di Internet sui media è esploso a partire dal 1993 (in Italia dal 1994-1995). Con un certo automatismo le tecnologie telematiche vengono oggi percepite dall'opinione pubblica come nuove e recenti. Molti dipartimenti universitari aprono insegnamenti sui «nuovi media» ove Internet fa naturalmente la parte del leone. In realtà, come cercherò di mostrare nei primi tre capitoli, Internet ha almeno trent'anni di storia durante i quali ha subìto un processo di diffusione sociale importante, sebbene limitato quantitativamente e geograficamente soprattutto agli Stati Uniti. Ciò non significa che la storia di Internet negli anni Novanta sia in tutto o in parte assimilabile alle vicissitudini di questo mezzo di comunicazione negli anni Settanta e Ottanta. Al contrario, gli anni Novanta costituiscono un periodo di radicale rinnovamento nel mondo di Internet; proprio per questa ragione è però fondamentale una ricognizione storica completa. Senza ripercorrere le tappe precedenti di sviluppo di questo mezzo di comunicazione è impossibile cogliere la posizione peculiare in cui si trova oggi la comunicazione telematica. Nel presente capitolo e nel prossimo tenterò dunque di tracciare una mappa della storia di Internet dalla fine degli anni Sessanta all'inizio degli anni Novanta.

1. Il lancio dello Sputnik e la fondazione dell'agenzia ARPA

A pochi anni dalla guerra di Corea (1950-1953), gli Stati Uniti vissero un periodo di profonda crisi tecnologica rispetto all'Unione Sovietica. Il 4 ottobre 1957 e poi nuovamente il 3 novembre successivo i russi lanciarono in orbita i primi due satelliti *Sputnik.* L'immagine di una potenziale superiorità tecnologica e militare russa, in pieno periodo di guerra fredda, generò una crisi immediata dell'amministrazione Eisenhower: il lancio di satelliti sembrava implicare una superiorità della tecnologia missilistica sovietica e dunque una posizione di vantaggio in un'eventuale guerra nucleare intercontinentale, secondo uno scenario che si sarebbe affermato sempre più chiaramente negli anni successivi.

In risposta ai russi, gli americani fondarono nel medesimo anno una speciale agenzia, alle dipendenze del Dipartimento della Difesa, il cui compito prioritario era «aiutare gli Stati Uniti a mantenere la loro posizione di superiorità tecnologica e a difendersi contro imprevisti avanzamenti tecnologici da parte di potenziali avversari». La missione di questa agenzia, l'Advanced Research Projects Agency (ARPA), sarebbe stata quella di sviluppare progetti di ricerca altamente immaginativi, innovativi e rischiosi, ben al di là dei normali cicli di evoluzione attuati nelle strutture e nei centri tradizionali: tali progetti di ricerca avrebbero dovuto essere seguiti dall'agenzia dalla fase primaria di analisi della fattibilità allo sviluppo di prototipi dimostrativi. Il primo piano di bilancio di ARPA era del tutto adeguato alle aspettative e prevedeva finanziamenti per 2 miliardi di dollari.

Si deve a questa agenzia lo sviluppo del primo prototipo di Internet (sino al 1983 meglio noto come ARPANET).

La figura cruciale all'origine dell'interessamento di ARPA per le tecnologie telematiche fu quella di Joseph Licklider, uno psicologo con competenze e interessi informatici dalla cui visione di una «rete galattica» di computer in simbiosi con gli esseri umani sarebbe nato il dipartimento dal quale emerse il primo prototipo di ARPANET. Assieme a figure come Vannevar Bush (cui si fa risalire la prima idea di ipertesto) o Douglas Engelbart (al quale si devono decine di invenzioni cruciali nella storia del computer, tra le quali il mouse), Licklider è stato uno dei grandi pionieri della ricerca informatica americana. A partire dal 1962, anno di inizio di un programma di ricerca informatico di ARPA, egli collaborò a definire questo nuovo ambito di ricerca con quelli che sarebbero stati i suoi successori all'IPTO (Information Processing Technology Office, il dipartimento di ARPA dedicato ai progetti informatici): Ivan Sutherland, Robert Taylor e Lawrence G. Roberts. Della ricerca di Licklider dirò in dettaglio più avanti.

2. *L'informatica negli anni Sessanta*

Prima di entrare nel mondo delle reti di computer è necessario qualche cenno sullo stato dell'informatica nel periodo in cui emerge il progetto di ARPANET/Internet. La storia di Internet è infatti ovviamente parallela a quella del computer e dell'informatica in generale. Nel ripercorrere le origini di ciò cui oggi diamo il nome di Internet non dobbiamo dimenticare le differenze profonde che separano il mondo odierno dell'informatica da quello degli anni Sessanta. Inoltre, proprio in virtù dell'esperienza accumulata negli ultimi trent'anni di cambiamenti tecnologici continui e rapidissimi in campo informatico, dobbiamo anche cercare di relativizzare la nostra posizione storica attuale che non è in alcun modo un «punto di arrivo», ma con grandissima probabilità una semplice tappa intermedia di un processo in corso.

Una prima differenza cruciale rispetto a trent'anni fa è costituita dai protagonisti principali di questa storia, i computer stessi. Se Internet infatti è anzitutto una rete di computer (o meglio una rete di reti di computer, come vedremo), è evidente che l'immagine di questo medium varia enormemente al variare della storia dei computer. La storia di Internet (non però quella della telematica in generale) ha infatti sinora percorso binari paralleli a quelli della storia del computer.

Negli anni Sessanta i computer erano congegni molto costosi e ingombranti e costituivano in generale un bene raro e scarsamente diffuso. Dispositivi per noi oggi del tutto usuali come monitor e tastiere non erano affatto diffusi agli inizi degli anni Sessanta: HAL, il computer di *2001: Odissea nello spazio* di Stanley Kubrick e Arthur Clarke, era privo di monitor e usava una serie di luci colorate come uno dei suoi dispositivi di output. HAL era naturalmente un computer immaginario ma rappresentava in modo preciso l'immagine del computer di quel periodo. Tecnologie più avanzate e *user friendly* come il mouse e le interfacce grafiche cominciavano appena a essere concepite verso la fine degli anni Sessanta e si sarebbero affermate solo verso la metà degli anni Ottanta (con i sistemi operativi a finestre dei computer Apple Macintosh e la prima versione di Microsoft Windows). Il dispositivo di output prevalente nei computer del periodo era una telescrivente, in genere piuttosto lenta.

Allora il computer era pensato essenzialmente come uno strumento di calcolo, un dispositivo computazionale per trattare grandi masse di dati o elaborare operazioni complesse in tempi rapidi. In periodo di guerra, i primi esemplari di calcolatori elettronici, ad esempio, erano stati usati per la compilazione di tavole balistiche o per la decriptazione di messaggi in codice inviati dai tedeschi.

Trattamento dei testi (*word processing*), grafica, software di presentazione, ma soprattutto l'idea che tutte queste cose costituissero strumenti per l'uso individuale, dispositivi «personali», erano ancora di là da venire. L'aggettivo interattivo – prima dell'inflazione odierna che lo avrebbe trasformato in un termine «ombrello» alquanto nebuloso e impreciso – era usato dai programmatori per riferirsi ai programmi nei quali i dati venivano forniti dall'utente al software in tempo reale, cioè mentre il programma stesso girava: si pensi, ad esempio, alle «calcolatrici» oggi distribuite assieme a qualsiasi sistema operativo, nelle quali i numeri su cui eseguire le operazioni vengono inseriti interattivamente dall'utente. In alternativa, i dati erano scritti nel codice del programma e per modificarli era necessario cambiare il codice stesso (questo tipo di elaborazione veniva indicato come *batch processing*). Le procedure interattive, oggi universali, erano negli anni Sessanta ancora rare e in generale i programmi contenevano già i dati sui quali dovevano essere eseguite le operazioni.

Centri di ricerca, pubblica amministrazione, medie e grandi aziende, università erano i soggetti tipici che possedevano computer, spesso uno solo impiegato in parallelo da più utenti collegati all'unità principale attraverso terminali. Questi ultimi erano dispositivi privi di capacità di calcolo autonomo, semplici tastiere e telescriventi collegate a unità di calcolo remote. La tecnologia che permetteva l'uso contemporaneo di un computer da parte di più utenti era il *time sharing* (divisione di tempo), un procedimento che consentiva al processore di un computer di suddividere le proprie operazioni in microsezioni temporali destinate a ognuno degli utenti attivi sul computer in un dato momento (o per la precisione ai programmi attivati dai diversi utenti). In pratica la capacità di calcolo del computer veniva suddivisa tra i diversi utenti-programmi attivi in un dato momento.

Il time sharing fu una delle tecnologie fondanti della telematica. L'idea dei primi progettisti di Internet era infatti quella di permettere la condivisione di risorse di calcolo (computer) distanti. Attraverso un collegamento di rete un utente remoto poteva aggiungersi agli utenti locali di un dato computer e condividerne le risorse di calcolo: la rete era in quest'ottica un sistema per aggiungere terminali remoti ai computer.

Il time sharing è stato molto importante anche come prototipo di una microcomunità virtuale. Pur lavorando tutti sul medesimo computer centrale, gli utenti connessi via terminale erano anche in qualche modo connessi tra loro: potevano inviarsi messaggi (in tempo reale o in modo asincrono), potevano cioè comunicare attraverso il computer. Non casualmente alcune delle prime applicazioni di Internet (ad esempio la posta elettronica) emersero dai programmi di comunicazione sviluppati per gli utenti di computer in divisione di tempo.

Assieme al time sharing, la seconda tecnologia cruciale per lo sviluppo di Internet e della telematica in generale si sarebbe rivelata il *packet switching* (commutazione di pacchetto). Si tratta della tecnologia contrapposta al *circuit switching* (commutazione di circuito) propria del sistema telefonico, dove la comunicazione tra due utenti è permessa dalla chiusura di un circuito diretto tra due apparecchi telefonici. La commutazione di pacchetto apre invece un paradigma di comunicazione completamente diverso: i messaggi vengono suddivisi in pacchetti di dati (sequenze più o meno lunghe di bit) recanti tutte le informazioni necessarie per giungere a destinazione ed essere ricomposte nell'unità originaria del messaggio spedito dal mittente. Questa tecnologia presenta diversi vantaggi: attraverso uno stesso circuito possono essere attivate molte comunicazioni contemporanee, i pacchetti possono essere trasferiti al destinatario attraverso una pluralità di percorsi di istradamento (*routing*) differenti e così via. In breve, la commutazione di pacchetto fu la tecnologia che a partire dagli anni Sessanta si sarebbe affermata per realizzare dispositivi di comunicazione tra computer. Essa venne elaborata grosso modo in parallelo da tre gruppi di ricerca indipendenti: al Massachusetts Institute of Technology (MIT), nel periodo 1961-1967; presso la RAND Corporation, nel periodo 1962-1965; e al National Physical Laboratory in Inghilterra, nel periodo 1964-1967. Alla RAND lavorava una figura cruciale nella storia di Internet, Paul Baran, le cui idee sono presentate nel prossimo paragrafo.

3. Le ricerche di Paul Baran: il concetto di rete distribuita (1964)

La figura di Paul Baran è importante per discutere un aspetto controverso della storia delle origini di Internet: il suo legame con i progetti militari del Dipartimento della Difesa statunitense e le aspettative militari in senso lato legate allo sviluppo della telematica e di Internet negli Stati Uniti. La tesi che cercherò di sostenere in questo paragrafo e nel successivo è piuttosto semplice: motivazioni militari in senso stretto erano estranee al gruppo di ricerca di ARPA che avrebbe (in collaborazione con la Bolt Beranek & Newman e alcune università) realizzato il primo modulo di ARPANET (la futura Internet). Il gruppo di ARPA fu tuttavia influenzato dalle ricerche di Paul Baran che avevano al loro centro questioni di sicurezza militare. L'influenza di motivazioni militari fu dunque indiretta. È però interessante notare che alcune delle caratteristiche cruciali del modello sviluppato da Baran per ragioni militari sono oggi considerate i tratti essenziali di una presunta «democraticità» strutturale di Internet: vedremo tra poco di cosa si tratta.

Tra il 1962 e il 1964 Paul Baran, un ingegnere alle dipendenze della RAND Corporation, elaborò undici rapporti dedicati al problema di come costruire una rete di telecomunicazioni in grado di «sopravvivere» (o di sopravvivere meglio di altre) in caso di guerra nucleare e di attacco al territorio americano da parte di forze nemiche. La stesura di questi rapporti fu finanziata direttamente dall'Aeronautica militare americana (USAF). L'interesse per la sicurezza dei sistemi di telecomunicazione trascendeva d'altra parte il solo dominio militare e riguardava invece anche la sicurezza interna. Nel 1961, ad esempio, erano state sabotate tre stazioni di comunicazione a microonde nello Utah e ciò aveva contribuito a presentare il problema della protezione dei sistemi di telecomunicazione come una questione di interesse generale.

I rapporti di Baran del 1962-1964 erano significativamente intitolati *On Distributed Communication Networks* (*Reti di comunicazione distribuite*). Il concetto di «rete distribuita» costituisce infatti il contributo più importante di Baran alla storia delle reti telematiche e di Internet. Egli distingueva tre tipi di reti di comunicazione: centralizzate, decentralizzate, distribuite (si veda figura 1).

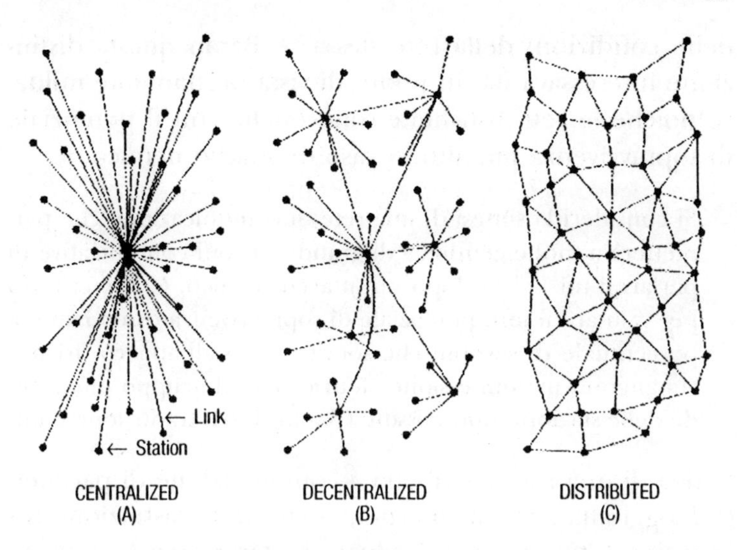

Figura 1 – I tre modelli di rete secondo Paul Baran (1964).

Le reti centralizzate, caratterizzate da una topologia a stella, sono radicalmente gerarchiche e distinte da una forte asimmetria tra centro e periferia (si pensi al broadcasting televisivo, dove l'asimmetria tra mittente e destinatario è radicale).

Le reti decentralizzate sono insiemi di reti centralizzate e costituiscono una topologia intermedia tra il primo e il terzo tipo con alcune caratteristiche dell'uno e dell'altro.

Le reti distribuite, caratterizzate da una topologia «a ragnatela», costituiscono invece un modello alternativo con caratteristiche peculiari: non esiste una gerarchia preordinata di nodi e, anzi, è possibile immaginarle come reti di nodi paritari (*peer to peer*) fortemente simmetrici; non esistono percorsi (*routing*) prefissati tra un nodo e l'altro e, al contrario, questi percorsi possono essere determinati dinamicamente (*routing* dinamico) sulla base delle condizioni della rete stessa. A Baran questa distinzione interessava da un punto di vista prettamente militare poiché le reti distribuite sono quelle con il potenziale di sopravvivenza più alto in caso di attacco nemico:

> Si consideri la sintesi di una rete di comunicazione che permetterà a molte centinaia di grandi stazioni comunicative di parlare l'un l'altra dopo un attacco nemico. Come criterio per valutare il loro potenziale di sopravvivenza osserviamo la percentuale di stazioni che sopravvivono all'attacco fisico e rimangono in connessione elettrica con il gruppo più grande delle stazioni sopravvissute (Baran, 1964; traduzione mia).

L'idea di una rete distribuita a commutazione di pacchetto è oggi alla base di Internet, anche se la distinzione fra i tre tipi di topologia individuati da Baran non ha una validità universale ma dipende dal punto di vista dal quale si osserva Internet. Possiamo dire, ad esempio, che gran parte degli Internet Service Provider (ISP), i fornitori di connettività per l'utenza finale, stanno tra loro in una relazione di tipo distribuito: tipicamente infatti gli ISP sono connessi alla rete globale attraverso più di un canale. Al contrario, la relazione tra l'utenza *consumer* e gli ISP è centralizzata: gli utenti costituiscono infatti una «stella» di connessioni al fornitore di connettività. Una rete aziendale connessa avrà invece, rispetto al suo ISP, una relazione tipicamente decentralizzata.

Al di là di queste osservazioni sulla topologia della rete è interessante notare che il criterio del «potenziale di sopravvivenza» ad attacchi militari usato da Baran per valorizzare il modello delle reti distribuite genera risultati che vengono oggi considerati positivi per ragioni radicalmente diverse: le reti distribuite appaiono attualmente un modello di democrazia dei mezzi di comunicazione del tutto nuovo rispetto ai media tradizionali, il carattere *peer to peer* di Internet permette un'espansione del sistema priva di amministrazione e organizzazione centralizzata (a Internet si accede infatti semplicemente collegandosi, secondo regole determinate, a un computer a sua volta connesso), consente a chiunque di essere fruitore e/o fornitore di informazioni e così via. Le motivazioni militari di Baran e della RAND Corporation sono altrettanto adeguate al concetto di rete distribuita di quanto lo siano i discorsi recenti sulla democrazia elettronica. Lo scarto tra le motivazioni militari di Baran e le interpretazioni «libertarie» che oggi si danno della struttura di Internet sono un caso esemplare del principio secondo cui gli usi di una data tecnologia e in particolare le ideologie di accompagnamento sono sottodeterminate (o non direttamente dipendenti) dalla tecnologia stessa.

4. Joseph C.R. Licklider: il computer come mezzo di comunicazione (1968)

«Tra pochi anni, le persone saranno in grado di comunicare più efficacemente attraverso un computer piuttosto che faccia a faccia». Questa affermazione, semplice e radicale, apre un saggio di Licklider del 1968 scritto a quattro mani con Robert Taylor. Il saggio, cui dedico questo paragrafo, è intitolato «Il computer come strumento di comunicazione» («The Computer as a Communication Device», *Science and Technology*, April 1968). In un periodo in cui è ancora indefinita l'immagine stessa del computer come strumento di elaborazione con le funzionalità che oggi si sono stabilizzate (tanto dal punto di vista dell'hardware e delle periferiche quanto da quello del software, dei sistemi operativi e dei programmi applicativi), l'associazione di computer e comunicazione costituiva senz'altro una visione innovativa operativamente condivisa da pochi gruppi di ricerca nel mondo. Tra questi, negli Stati Uniti, c'erano il gruppo di Licklider entro ARPA e quello di Engelbart presso lo Stanford Research Institute.

Sia Engelbart sia Licklider muovevano da motivazioni di ordine psicologico nella ricerca sulle reti telematiche e su nuovi generi di programmi per il computer. Per entrambi, il computer era un mezzo che permetteva di potenziare il pensiero e la comunicazione umana (un progetto di Engelbart aveva il titolo *Augment*). Per Licklider, in particolare, il computer rappresentava uno strumento per «esternalizzare modelli mentali» meglio di qualun-

Figura 2 – Vignetta tratta da Licklider e Taylor (1968).

que altro dispositivo comunicativo. Che cosa questo significasse viene spiegato chiaramente da Licklider: «Qualunque comunicazione tra le persone intorno a un dato oggetto è una comune esperienza rivelatrice dei rispettivi modelli della cosa stessa». In altri termini, comunicare attorno a un dato oggetto significa scambiarsi informazioni sui rispettivi modelli dell'oggetto medesimo.

> Quando le persone comunicano faccia a faccia è tipico esternalizzare modelli per essere sicuri di star parlando della stessa cosa. Anche modelli esternalizzati molto semplici come un diagramma di flusso o uno schema permettono di focalizzare la discussione se essi sono visibili da tutti i partner della comunicazione. È davvero il fatto di vedere l'espressione negli occhi dell'altro che rende una comunicazione faccia a faccia così più produttiva di una telefonata, o è piuttosto il fatto di essere in grado di creare e modificare modelli? (Licklider, Taylor, 1968; traduzione mia).

Da questo punto di vista i sistemi di telecomunicazione bidirezionali (in opposizione ai media unidirezionali basati sul broadcasting) disponibili al tempo di Licklider apparivano fortemente limitati, e una rete di computer sembrava lo strumento adatto per superare tali limiti. Ma in che modo?

Nella stesura del suo saggio, Licklider aveva in mente il sistema NLS (*On Line System*) progettato da Engelbart. Riporto qui di seguito una descrizione di Licklider del sistema di Engelbart, visionato in occasione di un *progress-review meeting* relativo a un dato progetto. Si tratta di una delle rarissime testimonianze registrate all'epoca dai partecipanti a questa celeberrima dimostrazione di Engelbart:

> I tavoli erano stati disposti a quadrato con cinque partecipanti per lato. Il centro del quadrato era occupato da 6 mo-

> nitor televisivi che mostravano gli output alfanumerici di un computer collocato altrove nell'edificio ma controllato a distanza attraverso una tastiera e una serie di puntatori elettronici chiamati *mice*. Ogni partecipante al meeting poteva muovere il mouse più vicino e così controllare un puntatore sullo schermo TV visibile a tutti i partecipanti [...] Ogni partecipante aveva preparato uno schema della propria presentazione e lo schema appariva sui monitor mentre parlava, fornendo così una visione generale del suo modello. Molti elementi della presentazione schematica contenevano riferimenti a file di dati che lo speaker poteva far apparire sugli schermi, file che erano stati memorizzati sul computer centrale prima dell'inizio del meeting [...] Una futura versione di questo sistema permetterà ad ogni singolo partecipante di visualizzare e manipolare sul proprio schermo TV i file di dati forniti dallo speaker durante la presentazione senza bisogno di interrompere lo speaker per chiedere chiarimenti o sostanziare una certa affermazione (*ibidem*).

Il sistema di Engelbart appariva a Licklider il modello ideale di una comunicazione faccia a faccia efficace dove tutti i parlanti potevano visualizzare e manipolare direttamente i «modelli» degli altri. L'uso di monitor televisivi per visualizzare i dati (invece della telescrivente lenta, tipica del periodo), o addirittura di strumenti di puntamento simili al nostro attuale mouse, costituiva ovviamente una novità eccezionale per il tempo. Osservata retrospettivamente, la struttura delle presentazioni possibili con il sistema di Engelbart aveva inoltre evidenti caratteri ipertestuali (su questo tema si veda più avanti, capitolo terzo, § 2). Non sono questi ultimi tuttavia a colpire l'attenzione di Licklider. Licklider aveva piuttosto in mente un modello di integrazione di rete tra computer «interattivi e multiaccesso», sul modello di quelli impiegati da

Engelbart. L'obiettivo gli appariva quello di permettere una comunicazione a distanza che fosse altrettanto efficace di un incontro faccia a faccia. Sono queste idee di Licklider che costituiranno lo schema essenziale di quanto verrà realizzato da ARPA a partire dal 1969.

5. La prima traduzione operativa: lo sviluppo di ARPANET

Le ricerche sulla commutazione di pacchetto e sul concetto di rete distribuita diedero luogo a due progetti operativi verso la fine degli anni Sessanta.

Il primo progetto, assai limitato, venne coordinato da Donald Davies e Roger Scantlebury presso il National Physical Laboratory nel Middlesex, in Inghilterra, nel 1968 con la costruzione di una prima rete a commutazione di pacchetto: la NPL Data Network.

Il progetto più ambizioso, da cui nascerà Internet che oggi conosciamo, venne invece promosso dall'agenzia ARPA a partire dal 1967 e presentato in occasione del simposio annuale dell'Association for Computing Machinery (ACM) ove Lawrence G. Roberts – un ricercatore del MIT passato all'agenzia ARPA nel 1966 per sviluppare le idee di Licklider – presentò il piano di una rete di computer a commutazione di pacchetto e l'architettura di un prototipo denominato ARPANET. I due progetti avevano origini indipendenti e gli ingegneri coinvolti in entrambi vennero a conoscenza l'uno dell'altro proprio in occasione del simposio dell'ACM.

Sotto la guida di Roberts, ARPA definì le specifiche tecniche di ARPANET e lanciò un bando di gara (spedito a centocinquantuno potenziali imprese concorrenti) per la realizzazione di alcuni strumenti strategici per la costruzione di un primo nucleo di questa rete. La gara venne vinta nel dicembre 1968 da un gruppo di ricerca della Bolt Beranek & Newman (BBN) diretto da Frank Heart. Nel dicembre 1969 il primo nucleo di ARPANET vide la luce e vennero connesse tra loro quattro sedi universitarie: la University of California Los Angeles (UCLA), lo Stanford Research Institute di Palo Alto, la University of California Santa Barbara (UCSB), la University of Utah. I quattro computer presenti nelle varie sedi erano ognuno diverso dall'altro e la loro comunicazione fu garantita da un dispositivo intermedio (il cosiddetto *Information Message Processor*, IMP) progettato dalla BBN e realizzato in serie dalla Honeywell. Ognuna di queste sedi universitarie era specializzata in un settore specifico della ricerca informatica. A Stanford, Douglas Engelbart lavorava al progetto sull'*Augmentation of Human Intellect* (Engelbart, 1962) attraverso i dispositivi elettronici interattivi di cui ho parlato nel paragrafo precedente; presso la University of Utah, Ivan Sutherland si occupava della trasmissione di grafica tridimensionale in rete; a Santa Barbara prevaleva la ricerca sulla matematica interattiva; mentre la UCLA ospitava il Network Measurement Center per il monitoraggio della rete.

Questa prima struttura di ARPANET rispecchiava fedelmente la situazione che ho descritto in precedenza a proposito dei sistemi di time sharing: i primi progettisti di ARPANET avevano in mente una rete accademica e di ricerca per condividere risorse di calcolo e software sviluppato da gruppi di ricerca distanti. La rete serviva a condividere computer, prima ancora che a comunicare.

La storia della cooperazione tra l'agenzia ARPA, il mondo universitario americano, la società privata BBN e l'industria dei computer (la Honeywell) per la realizzazione di ARPANET è estremamente importante per cogliere le caratteristiche del sistema di progettazione e finanziamento dell'innovazione tecnologica negli Stati Uniti nel periodo della guerra fredda. Si tratta di una storia ancora relativamente poco nota e comunque non analizzata in profondità dagli storici dei «nuovi media»: l'incapacità di gran parte dei Paesi europei a riprodurre questo modello (se non in forma limitatissima) costituisce una delle ragioni storiche profonde del ritardo dell'Europa nel settore telematico.

Il prototipo di ARPANET ricevette comunque una sorta di sanzione ufficiale nell'ottobre 1972, all'*International Conference on Computer Communications* (ICCC) all'Hotel Hilton di Washington, con una dimostrazione pratica organizzata da Bob Kahn. Kahn aveva invitato diverse aziende a fornire una quarantina di terminali che sarebbero stati a disposizione del pubblico per sperimentare la comunicazione con le università sino a quel momento collegate negli Stati Uniti. Tutta la comunità informatica e una serie di osservatori inviati dalle grandi aziende telefoniche erano presenti. La rete era stata predisposta per ospitare le applicazioni più avanzate allora disponibili. Tra le applicazioni più ludiche il dialogo tra due computer distanti i quali ospitavano, rispettivamente, un programma (ELIZA) che simulava lo stile discorsivo di uno psicoanalista e un altro che riproduceva lo stile di conversazione di un soggetto paranoide (PARRY). Sembra che uno dei ricercatori presenti avesse commentato in quell'occasione che tutta la messe di tecnologie presentata costituiva un semplice specchietto per le allodole poiché l'unica applicazione che davvero interessasse i ricercatori collegati ad ARPANET era l'uso della posta elettronica. Questa battuta conteneva in germe lo sviluppo dei diciotto anni successivi di Internet.

CAPITOLO SECONDO

GLI ANNI SETTANTA E OTTANTA: IL MODELLO DELLA MESSAGGISTICA

Tra il dicembre 1969 – data di inizio di ARPANET con i suoi primi quattro nodi – e l'ottobre 1990, la rete ARPANET subisce uno sviluppo tecnologico e una crescita quantitativa straordinari. Al termine di questo segmento temporale i nodi (*hosts*) di ARPANET/Internet sono diventati 313.000. Scorporare tale numero in segmenti temporali più ristretti rivela alcune discrepanze delle quali mi occuperò nel corso del presente capitolo. Tra l'aprile 1971 e il maggio 1982 ARPANET cresce poco più di dieci volte (da 23 a 235 host). Tra il maggio 1982 e l'ottobre 1990 aumenta invece di più di 1300 volte (da 235 host a 313.000 appunto) con una crescita esponenziale che si sarebbe poi attenuata nel corso degli anni Novanta.

Al termine di questo processo Internet costituisce una realtà non più solo americana ma internazionale sufficientemente consolidata e priva di seri *competitors* tecnologici, almeno a livello globale.

Inizia allora la fase finale del suo processo di inclusione sociale come nuovo mezzo di comunicazione (di massa, come apparirà qualche anno dopo) nel sistema complessivo dei media, la fase che in qualche modo ancora oggi stiamo vivendo e di cui mi occuperò nel prossimo capitolo.

I passaggi intermedi di questo processo sono oggi per noi scontati o superati: l'evoluzione dei servizi di comunicazione (dalla posta elettronica al chatting in tempo reale), la rivoluzione del PC e le interfacce grafiche, le BBS, le «comunità virtuali», le reti alternative come USENET, l'identità accademico-universitaria di Internet, un modello di comunicazione basato essenzialmente sulla messaggistica o conferencing e così via. L'analisi di questi passaggi ci permette di posizionare in modo inatteso la nostra attuale immagine della rete e della comunicazione telematica.

Per autori come Michael e Ronda Hauben (1997) è già durante questa prima fase di sviluppo che Internet si trasforma in «mezzo di comunicazione di massa». Personalmente tenderei a un giudizio più cauto. Nonostante gli enormi passi in avanti, alla fine degli anni Ottanta gli utenti di Internet nel mondo non erano più di uno o due milioni (a fronte di circa 300.000 host o computer connessi). L'utenza del Minitel, ad esempio, costituiva allora un bacino di utenza estremamente più vasto dell'intera popolazione di Internet nel mondo. I vari sistemi di videotex nei diversi Paesi, i grandi *on line services* (America Online, Prodigy ecc.), le BBS amatoriali di piccole e grandi dimensioni (come Fidonet) costituivano – sino agli inizi degli anni Novanta – altrettanti sistemi telematici autonomi da Internet con comunità di dimensioni comparabili se non maggiori a quella di Internet. È tra il 1990 e oggi che Internet diventa il sistema di trasmissione dati più impiegato nel mondo, portando a una radicale semplificazione (tecnologica) della Matrix: attorno al 1995 Internet non è più *uno* tra le migliaia di sistemi telematici nel mondo ma di gran lunga *il* sistema telematico principale per numero complessivo di utenti e per capacità di interconnessione internazionale. D'altro canto, chi «aderiva» a Internet non comprava qualcosa né tanto meno entrava in un territorio gestito e amministrato da altri: entrare in Internet significava massimizzare la capacità di interconnessione tra sistemi telematici mantenendo la propria autonomia. È questo che ha permesso a grandi soggetti commerciali, come America Online, di «convertirsi» a Internet senza perdere un solo atomo del proprio mercato di riferimento.

1. Gli usi di Internet fino al 1990

Un modo semplice per definire che cos'è Internet sarebbe quello di assumere una prospettiva funzionale: che cos'è possibile fare su Internet, in che modo si comunica in rete e così via. Sfortunatamente una delle caratteristiche essenziali di Internet è esattamente il fatto che la natura dei suoi servizi di comunicazione e delle sue pratiche comunicative evolve nel tempo. Una definizione funzionale ci permette dunque di fotografare degli stati di Internet, non Internet nella sua globalità né tanto meno qualcosa come il «nucleo essenziale» della comunicazione su Internet.

Tra il 1969 e il 1988 emersero e si affermarono i seguenti servizi di rete (si veda la cronologia 1): la posta elettronica (*e-mail*), l'emulazione di terminale (*telnet*), il trasferimento di file (in seguito denominato *File Transfer Protocol*, FTP), le liste di discussione e le bacheche elettroniche (*mailing lists* e *newsgroups*), il chatting in tempo reale (*Internet Relay Chat*, IRC).

Tre modelli d'uso della rete permettono di classificare questi servizi:

a) la condivisione di risorse di calcolo remoto (telnet);

b) la messaggistica personale e di gruppo (e-mail, mailing list, newsgroup, IRC);

c) il trasferimento di dati e programmi da un computer all'altro (FTP).

Dal punto di vista comunicativo in senso stretto è soprattutto cruciale il modello della messaggistica, di cui la posta elettronica è l'esempio migliore. Uno studio della RAND Corporation del luglio 1985 affermava che

> la posta elettronica, i sistemi di messaggistica e le bacheche elettroniche sono mezzi di comunicazione incredibilmente potenti ed efficaci. Per questa ragione essi cresceranno e diventeranno uno dei principali mezzi di comunicazione per molti di noi. [...] La posta elettronica e i sistemi di messaggistica hanno caratteristiche innovative che li trasformeranno nel medium chiave dei prossimi decenni (Shapiro, Anderson, 1985; traduzione mia).

In breve, verso la metà degli anni Ottanta l'e-mail sembrava costituire l'essenza di Internet.

Nessuna delle metafore oggi consuete per descrivere l'uso della rete (la navigazione, il *surfing* ecc.) esisteva ancora. L'«interattività» di Internet (termine «ombrello» oggi usato per definire un tratto considerato essenziale della comunicazione telematica e del rapporto uomo-computer in generale) era fondamentalmente l'interazione comunicativa tra gli utenti, lo scambio di messaggi, uno-a-uno e molti-a-molti.

Dal punto di vista della distribuzione e degli usi sociali, Internet rimase, sino alla fine degli anni Ottanta negli Stati Uniti (sino al 1994 in Italia), un mezzo di comunicazione sostanzialmente legato alle istituzioni educative (in particolar modo alle università). Nelle analisi odierne sui diversi gradi di sviluppo dei servizi di rete e della connettività nei diversi Paesi del mondo si dimentica spesso questo elemento decisivo. Nel caso italiano, ad esempio, è evidente che l'odierno basso grado di sviluppo dei servizi Internet fu una conseguenza diretta degli insufficienti investimenti universitari, e in generale nel settore scolastico, sino a pochi anni fa.

Cronologia 1

1960	Dataphone (primo modem commerciale)
1969	Sistema operativo UNIX Primo progetto di microprocessore Primo nucleo di ARPANET
1971	E-mail
1972	Telnet
1973	File Transfer
1975	VHS
1979	USENET
1980	Minitel in Francia
1981	Mailing list
1982	ARPANET opta definitivamente per i protocolli TCP/IP
1983	Fidonet
1984	Apple Macintosh W. Gibson, *Neuromancer*
1985	CD ROM Prima release di Microsoft Windows
1987	Hypercard – ambiente per la costruzione di ipertesti – distribuito gratuitamente da Apple
1988	IRC

2. *La rivoluzione del* PC

La storia di Internet e del computer, come abbiamo già visto discutendo della situazione degli anni Sessanta, è una storia di influenze reciproche. Da un lato le dimensioni quantitative dell'uso di Internet (almeno sinora) dipendono dalla natura e dalla diffusione dei computer, dall'altro Internet ha modificato in modo sostanziale il computer sino a trasformarlo in un mezzo di comunicazione.

Ho accennato sopra all'enorme balzo in avanti del numero di host connessi a Internet nel corso degli anni Ottanta. In gran parte questa espansione quantitativa fu causata dalla rivoluzione del PC, iniziata negli anni Settanta e stabilizzatasi nel corso degli anni Ottanta con una serie di innovazioni ancora attuali al giorno d'oggi.

Nel corso degli anni Settanta, prima a livello amatoriale poi sempre più a livello industriale, emerse la possibilità di ridurre radicalmente i costi (e le dimensioni) dei computer, che potevano quindi diventare un prodotto per il mercato consumer, dispositivi «personali» per l'appunto. In gran parte, questa rivoluzione era legata allo sviluppo dei circuiti integrati su microsuperifici di silicio che consentivano una miniaturizzazione dell'unità principale (oggi chiamati appunto «microprocessori») e delle memorie dei vecchi computer.

Nel 1981 il processo era giunto a compimento e il prodotto tipico di questo sviluppo fu il primo PC della IBM, venduto con il sistema operativo della Microsoft (il DOS) e con l'aggiunta di un linguaggio di programmazione (il BASIC) anch'esso della Microsoft. Già l'anno successivo la Compaq metteva in produzione il primo «clone» del computer della IBM che montava un microprocessore 8088 della Intel.

La rivoluzione dei microprocessori permise la costruzione di computer a basso costo per l'uso privato e individuale e abbassò in modo sostanziale i costi dei computer di livello superiore destinati ad applicazioni professionali e di ricerca. Il problema della scarsità di risorse informatiche negli ambienti accademici, che aveva costituito uno dei motivi principali per la costruzione di ARPANET, scompare (oggi semmai è un problema non offrire risorse informatiche a tutti gli studenti).

Nel corso degli anni Settanta emersero inoltre nuove tecnologie che permisero di connettere i computer in reti locali (*Local Area Networks*, LAN). Una di queste tecnologie, il sistema *ethernet* ancora oggi in uso e in via di evoluzione, avrebbe avuto una diffusione notevole. L'espansione delle LAN ha costituito un complemento dell'espansione di Internet. Internet è infatti più che una rete di computer una rete di reti di computer.

La proliferazione dei PC modificò anche la scena accademica dell'uso dell'informatica: il modello del time sharing, con un computer centrale condiviso da molti terminali, venne in gran parte sostituito dal modello dei computer «personali» connessi tra loro in rete. I computer degli anni Settanta erano caratterizzati da un'interfaccia «a caratteri» (cioè sostanzialmente costituita da caratteri alfabetici), oggi del tutto superata per il fruitore medio non professionale del PC. Il superamento delle interfacce a caratteri a favore dei sistemi grafici «a finestre» oggi diffusi si deve principalmente a ricerche nate in ambiente accademico.

A Stanford, per iniziativa di Douglas Engelbart e dei ricercatori dello Xerox PARC, venne costruito il primo PC con caratteristiche comparabili agli odierni computer: l'ALTO. L'accento era posto su un sistema visivo di relazioni tra utente e macchina (le «interfacce grafiche», appunto) e su sistemi di puntamento come il mouse in sostituzione di operazioni da eseguire attraverso la tastiera. Nel 1979 Steve Jobs e Steve Wozniak (le due figure chiave della Apple) furono invitati a visitare il centro ricerche della Xerox: in cambio della dimostrazione dell'ALTO, la Xerox si assicurò il diritto all'acquisto di 100.000 azioni della Apple per il valore di un milione di dollari (gran parte degli osservatori concordarono in seguito nel ritenere che si fosse trattato di un pessimo affare per la Xerox).

Dal modello dell'ALTO emerse il primo computer con interfaccia grafica della Apple: il Lisa (1983), con il sistema operativo grafico della Xerox (lo Star) che riscosse un successo modesto. Lisa venne messo sul mercato al prezzo di 10.000 dollari, tre volte il costo di un PC IBM-compatibile con il DOS. Nel 1984 la Apple ritentò con un nuovo prodotto, il Macintosh. Il lancio avvenne con uno spot televisivo nel corso del Super Bowl, il campionato nazionale di football negli Stati Uniti. Lo spot rappresentava masse di lavoratori ipnotizzate di fronte a un grande schermo dal quale il grande fratello parlava noiosamente del futuro del computer. All'improvviso una donna, un'atleta, munita di martello, arrivava correndo e rompeva lo schermo lasciando emergere lo slogan: «Il 24 gennaio Apple Computer presenterà il Macintosh. Così vedrai perché il 1984 non sarà come *1984*». Fu questo probabilmente il primo caso in cui la citazione del noto romanzo di Orwell venne fatta in riferimento al mondo dei computer. Lo spot fu considerato così provocatorio che un solo lancio risultò sufficiente a trasformarlo nel tema del giorno. Al termine del 1984 la Apple aveva già ricevuto 250.000 ordini per il suo nuovo prodotto. L'anno successivo, il 1985, la Microsoft si sarebbe messa in pari presentando un proprio sistema operativo a interfaccia grafica (Windows 1.0) per i PC IBM-compatibili con sistema operativo DOS.

La rivoluzione del PC determinò un cambiamento radicale del ruolo sociale del computer. In termini specifici, tuttavia, la storia di Internet ha pochissime relazioni con la storia dei primi PC, con la storia del Macintosh o del sistema operativo Windows. Fino alla metà degli anni Novanta il mondo di Internet non riguardava infatti il mercato consumer cui erano invece indirizzati i PC. I sistemi operativi (sia Macintosh sia Windows) non disponevano di strumenti (se non molto rudimentali) per la comunicazione di rete. Tale situazione cambierà radicalmente a metà degli anni Novanta con l'uscita di Windows '95 (IBM OS/2 ecc.).

Nonostante la diffusione del PC anche in ambito universitario, nel corso di tutti gli anni Ottanta il mondo degli utenti accademici di Internet rimase dominato dal sistema operativo UNIX. Quest'ultimo (sviluppato per la prima volta nel 1969) fu il primo sistema operativo a disporre di strumenti nativi per la comunicazione in rete. Sebbene esistano diverse varietà di UNIX, ancora oggi un computer dotato di sistema operativo di questo tipo è spesso già strutturato come un host Internet completo. Per quanto sia dotato di strumenti *ad hoc* per l'uso di rete, UNIX è tuttavia un sistema professionale più difficile da usare e da configurare dei sistemi operativi Macintosh e Windows. Tipicamente, gli utenti accedevano a Internet collegandosi (magari da un PC) a un server UNIX in «emulazione di terminale» con un sistema concettualmente equivalente a quello in uso nei computer ad accesso multiplo degli anni Sessanta.

Questa breve digressione nella storia del PC e dei sistemi operativi serve a chiarire un punto importante: per tutti gli anni Ottanta il mondo dell'informatica per il mercato consumer e il mondo di Internet rimasero sostanzialmente separati. A partire dagli anni Ottanta gli utenti del PC si rivolsero all'uso delle grandi famiglie di programmi che costituivano gli strumenti di base del personal computing: i programmi di scrittura (*word processors*), le basi di dati (*databases*), i fogli di calcolo (*spreadsheets*), gli strumenti per la composizione di presentazioni pubbliche dei propri dati.

Alla fine degli anni Ottanta emersero inoltre (ma ne parlerò più avanti) sistemi ipertestuali che prefiguravano la possibilità di una nuova editoria elettronica multimediale. La diffusione del CD ROM (che permette di immagazzinare 650 MB di dati) consentiva la produzione di software con elevata quantità di contenuto multimediale (grafica, audio, video, animazioni). Gli ipertesti erano largamente fruiti attraverso interfacce grafiche e con il mouse.

Il mondo di Internet rimase invece ancora (sino al 1993 come vedremo) un mondo di interfacce a caratteri che conservava la complessità d'utilizzo degli strumenti per l'uso accademico non destinato al mercato di massa. In breve, il livello grafico e la ricchezza multimediale permessi sul software *off line* del PC era in questo periodo semplicemente irraggiungibile dalle applicazioni per la rete. Questa forbice tra multimedialità *off line* (computer isolato) e povertà multimediale *on line* (computer in rete) comincia a diminuire solo oggi, alla fine degli anni Novanta, pur costituendo una barriera ancora effettiva. Il motto del leader della Sun Microsystems Scott McNealy, «The computer is the network» («Il computer è la rete»), non era applicabile al mondo dell'informatica degli anni Settanta e Ottanta: il computer non era allora ancora pienamente integrato socialmente come strumento per comunicare.

3. Lo sviluppo delle «comunità virtuali» negli Stati Uniti

Il concetto di «comunità» fa parte della storia di Internet sin dagli inizi. Gli stessi utenti dei primi grandi computer time sharing (un migliaio per una mezza dozzina di macchine alla fine degli anni Sessanta, secondo Licklider) si autopercepivano come comunità dotate di caratteristiche peculiari. Eccone una descrizione da parte di Licklider:

> Queste comunità sono composte di pionieri socio-tecnici, da diversi punti di vista più avanzati rispetto al resto del mondo degli utenti del computer. Cosa li rende tali? In primo luogo, alcuni dei loro membri sono scienziati informatici e ingegneri che comprendono il concetto dell'interazione uomo-computer e la tecnologia dei sistemi interattivi multiaccesso. In secondo luogo, altri membri sono persone creative di altri campi disciplinari che riconoscono l'utilità e percepiscono l'impatto dei computer interattivi multiaccesso sul loro lavoro. In terzo luogo, queste comunità hanno grandi computer interattivi multiaccesso e hanno imparato ad usarli. E quarto, i loro sforzi sono rigenerativi. In questa mezza dozzina di comunità, la ricerca e sviluppo sui computer e lo sviluppo di applicazioni sostanziali si supportano l'un l'altro. Esse stanno producendo crescenti risorse informatiche di programmi, dati e know-how. Ma abbiamo visto solo l'inizio. C'è molta programmazione e raccolta di dati da realizzare prima che il potenziale di questo concetto possa essere realizzato [...] Oggi le comunità on line sono separate l'una dall'altra funzionalmente e geograficamente. Ogni membro può vedere solo il processing, la memoria e le capacità software del computer sul quale è centrata la sua comunità di appartenenza. Ma la mossa adesso è quella di interconnettere le comunità separate e quindi trasformarle, per così dire, in supercomunità (Licklider, Taylor, 1968; traduzione mia).

Il passaggio dai singoli computer time sharing ad ARPANET cambiò in modo sostanziale lo scenario. A partire dalla fine degli anni Settanta, emersero raggruppamenti tematici degli utenti di servizi telematici che in seguito sarebbe diventato di moda designare come «comunità virtuali». Il fenomeno si sviluppò in modo apparentemente casuale già dai primi anni Settanta, quando cominciò a diffondersi l'uso della posta elettronica. I primi utenti di ARPANET usavano l'e-mail ben oltre le necessità strettamente tecniche dell'amministrazione di rete e dello scambio di informazioni per la ricerca. La comunicazione privata, uno-a-uno o di gruppo, divenne l'attività principale su Internet. Verso la fine degli anni Settanta cominciarono a diffondersi mailing list come SF-LOVERS (dedicata agli amanti della fantascienza) chiaramente estranee al mondo dell'informatica e della ricerca. Sebbene con qualche resistenza, queste forme di comunicazione vennero tollerate dai dirigenti di ARPA.

Fu questo fenomeno a trasformare sin dall'inizio Internet in un mezzo di comunicazione. L'idea che Internet fosse un mezzo di comunicazione non era affatto implicita nell'idea di una rete di computer in time sharing, costruita per estendere l'accesso a risorse di calcolo da parte della comunità scientifica. In questa prospettiva, che era quella prevalente presso ARPA nel periodo in cui il progetto di ARPANET venne concepito, la possibilità di una comunicazione interpersonale era necessariamente una proprietà marginale del sistema. Faceva eccezione la figura di Licklider, probabilmente per la sua originaria competenza di psicologo, che aveva invece enfatizzato il carattere di medium comunicativo delle reti telematiche già all'inizio degli anni Sessanta.

Cos'erano in realtà le «comunità virtuali» negli anni Settanta e Ottanta? Al di là dell'espressione alla moda, la realtà della comunicazione di rete in quel periodo era quella di una comunicazione fortemente tematizzata. Di recente è stato addirittura suggerito che questa caratteristica – in analogia inversa con la storia della televisione – si opporrebbe a un carattere «generalista» della rete degli anni Novanta. Certo è che la rete appariva in questi due decenni come un pulviscolo di gruppi di discussione, mailing list, canali per il chatting in tempo reale. Lo scambio di messaggi, non la condivisione di risorse di calcolo, costituiva l'uso primario della telematica.

Si trattava di una caratteristica generale dei sistemi telematici del periodo, non solo di ARPANET. Il più importante sistema di bacheche elettroniche (i cosiddetti newsgroup, che oggi sono un numero imprecisato di diverse decine di migliaia ormai «integrati» nel mondo di Internet) venne anzi sviluppato, sempre in ambiente universitario, al di fuori di ARPANET: il sistema fu denominato USENET, un servizio iniziato nel 1979 da studenti di informatica della Duke University e della University of North Carolina per consentire uno scambio di messaggi tra le due comunità informatiche al margine di ARPANET. Il sistema dei newsgroup, che si sarebbe presto esteso notevolmente, permetteva di «organizzare molteplici discussioni pubbliche su argomenti specifici, conversazioni che non sono localizzate o controllate in alcun sito centrale ma disseminate attraverso il sistema» (Rheingold, 1993). Si trattava in qualche modo della prima applicazione complessa nell'ambito della comunicazione dell'idea di «rete distribuita» di Baran. Negli anni Novanta è ormai diventato consueto analizzare la differenza tra questo sistema comunicativo e altri media tradizionali ed è d'altra parte evidente che qui siamo in presenza di una forma di comunicazione pubblica, scritta, non centralizzata, ad alta partecipazione, priva di equivalenti nel sistema tradizionale dei media.

È molto probabile, anche se si tratta di una tesi difficile da dimostrare, che il successo di queste forme comunicative abbia avuto a che fare con la cultura della partecipazione politica e civile degli anni Sessanta e Settanta, un'ipotesi a maggior ragione plausibile se si pensa che tali sistemi sono emersi e si sono affermati in ambiente prevalentemente universitario.

4. Internet come «linguaggio» condiviso: la standardizzazione e la diffusione internazionale

Uno dei modi più rigorosi per definire Internet è quello che fa perno sui concetti di «standard» e di «protocolli» condivisi aperti. La caratteristica cruciale di Internet, infatti, è di permettere una comunicazione tra computer e sistemi proprietari completamente diversi, a patto che essi utilizzino procedure rispondenti alle regole fissate in un certo insieme di protocolli di comunicazione pubblici e disponibili per tutti. L'idea iniziale dei progettisti di ARPANET era esattamente questa: a partire dal nucleo iniziale di ARPANET la rete si sarebbe sviluppata come collegamento tra molte reti diverse con architetture e caratteristiche sostanzialmente arbitrarie. La difficoltà, come si può immaginare facilmente, consiste nell'immaginare standard e protocolli basati su un nucleo di elementi comuni a tutte le piattaforme hardware e software o almeno implementabile su tutte. Questi protocolli costituiscono una sorta di «metaregole» che definiscono non tanto come una rete di computer deve funzionare (faccenda che può essere demandata ai singoli sistemi proprietari in commercio), ma come reti diverse possono comunicare tra loro. Queste metaregole dovranno essere aperte (pubbliche) in modo da poter essere utilizzate da qualunque organizzazione o società commerciale voglia rendere il proprio sistema di rete compatibile e «interoperabile» con altri.

Queste idee erano pienamente attive nel gruppo di ARPA a partire dal 1972. Nel 1973 ARPA commissionò la stesura delle specifiche di un set di protocolli di comunicazione rispondenti a questi requisiti. A tale lavoro collaborarono figure come Bob Kahn (ARPA), Vint Cerf (Stanford), Ray Tomlison (l'inventore dell'e-mail, della BBN), Peter Kirstein (UCLA). I protocolli sui quali lavorò questo gruppo definiscono ancora oggi il nucleo che costituisce l'unità di Internet rispetto ad altri sistemi telematici: il *Transfer Control Protocol* e l'*Internet Protocol*, generalmente menzionati in combinazione con la sigla TCP/IP, sono i due protocolli di base di Internet, la grammatica essenziale della lingua parlata dai computer di ogni genere e specie nel mondo per comunicare tra loro su Internet.

L'apertura dei protocolli e l'attenzione ai problemi di interoperabilità tra le reti sono stati i fattori decisivi che hanno permesso una diffusione internazionale di Internet. I primi nodi internazionali di Internet vennero aperti nel 1973 presso lo University College di Londra e il Royal Radar Establishment in Norvegia. Sino alla metà degli anni Novanta, tuttavia, il tasso di diffusione internazionale non mostrava ancora una netta predominanza di Internet su altri sistemi di rete. Nel 1991, ad esempio, erano trentuno i Paesi connessi a Internet, quarantasette quelli che usavano Bitnet (un sistema di rete sviluppato dalla IBM nel 1981 principalmente per la gestione di posta elettronica e mailing list), settantanove utilizzavano il sistema UUCP (un protocollo di comunicazione per la connessione in rete di computer con sistema operativo UNIX) e quarantanove il sistema Fidonet (una rete mondiale amatoriale, fondata nel 1984, che gestiva sistemi di posta elettronica, gruppi di discussione e trasferimento file). La tabella 1 mostra lo stato di connettività Internet in alcuni Paesi europei nel novembre 1990: complessivamente quell'anno l'Europa aveva 33.665 computer connessi alla rete con una distribuzione fortemente ineguale tra i diversi Paesi. In taluni casi (come in quello italiano) il numero è rappresentativo dello stato della telematica del Paese in questione. In altri casi il dato va interpretato ricordando la presenza nel Paese in esame di altri sistemi telematici molto diffusi (come in Francia e in Inghilterra).

Tabella 1 – Gli host Internet di alcuni Paesi europei nel novembre 1990

Paese	Host
Iugoslavia	0
Portogallo	0
Belgio	2
Spagna	3
Grecia	105
Regno Unito	206
Italia	649
Austria	783
Norvegia	3317
Francia	3436
Finlandia	3781
Germania	3936
Danimarca	3936
Olanda	5082
Svezia	5190
Svizzera	6284

Fonte: RIPE.

Dopo circa un decennio di sperimentazione e ulteriore specificazione, nel 1983 TCP/IP diventarono i protocolli ufficiali di ARPANET. Da quel momento il termine «internet», con la «i» minuscola, denotava un qualsiasi sistema di interconnessione tra reti di computer, mentre «Internet» con la «I» maiuscola indicava un insieme di reti interconnesse attraverso i protocolli TCP/IP. In quello stesso anno ARPANET venne divisa in due aree distinte: MILNET, la rete militare del Dipartimento della Difesa, e ARPANET che costituiva la rete di ricerca del mondo universitario.

5. I competitor di Internet negli Stati Uniti e in Europa: la Matrix

È solo nel corso degli anni Novanta che Internet assume in modo definitivo il ruolo di «area centrale» della Matrix (il termine designa l'insieme dei sistemi telematici in qualche modo interconnessi, un insieme del quale Internet è semplicemente una sezione). Come ho già accennato in precedenza, fino agli inizi degli anni Novanta erano infatti molti i sistemi telematici che si contendevano i milioni di utenti che nel mondo usavano il computer per comunicare. Il pubblico di questi sistemi era estremamente differenziato. Si trattava di sistemi accademici (non necessariamente e anzi raramente sviluppati secondo i protocolli TCP/IP sebbene in comunicazione tra loro attraverso computer ponte, le cosiddette *gateways*), di reti aziendali di grandi dimensioni (come le reti della IBM, AT&T, DEC ecc.); si trattava infine di sistemi rivolti al mercato consumer o sistemi amatoriali originariamente privi di connessione con il mondo di ARPANET/Internet (USENET, CompuServe, Prodigy, America Online, Delphi,

The Well, Fidonet, il Minitel in Francia e il Videotel in Italia). Tutti questi sistemi erano comunque caratterizzati dall'adesione al modello della messaggistica (con la parziale eccezione del Minitel, come spiegherò più avanti). In un libro pubblicato nel 1990, John Quarterman aveva schedato e classificato centinaia e centinaia di sistemi telematici nel mondo: in quello stesso anno, il mondo di ARPANET/Internet appariva dunque solo uno tra i molteplici sistemi affermatisi in parallelo nel mondo della comunicazione di rete. Appena cinque anni dopo, gli standard Internet costituivano il sistema telematico predominante e moltissimi network commerciali avevano ristrutturato i propri servizi in modo da assicurare almeno una compatibilità con i servizi del mondo Internet.

Questo coacervo di nomi e sigle potrà spaesare il lettore, ma è bene chiarire subito che dietro tale grandissima varietà ci sono poche differenze sostanziali e pochi servizi principali che si ripetono in forme diverse da sistema a sistema. Ciò che mi preme sottolineare è la varietà stessa di sistemi che si contendevano il campo in questo periodo.

Una differenza essenziale è quella tra sistemi telematici cui l'utente finale accede attraverso un computer e sistemi cui si accede attraverso terminali dedicati messi a disposizione dal fornitore di accesso. Tra i sistemi del secondo tipo il caso più importante era quello del francese Minitel e in generale dei cosiddetti servizi di videotex (sigla generica usata per indicare, oltre al già citato Minitel, il Videotel italiano, l'Ibertex spagnolo, il Bildschirmtext tedesco ecc.). A questi sistemi si poteva accedere anche attraverso un computer, ma si trattava di un'opzione minoritaria da parte degli utenti. Tutti gli altri sistemi richiedevano l'uso di un computer.

I servizi principali disponibili erano fondamentalmente varianti di un sistema di messaggistica (posta elettronica, mailing list, newsgroup e bacheche elettroniche di vario genere). Chi accedeva alla rete attraverso computer più potenti (ad esempio workstation con sistema operativo UNIX) poteva impiegare la rete per accedere a un computer remoto e condividerne più globalmente le risorse.

La prevalenza dei sistemi di messaggistica significava la preponderanza delle forme di comunicazione uno-a-uno e molti-a-molti. Mancava in sostanza il meccanismo del broadcasting (una comunicazione uno-a-molti dove i molti non costituiscono un insieme di destinatari predeterminati dal mittente – forma che verrebbe piuttosto definita *narrowcasting* – ma un insieme anonimo che ha accesso a risorse messe on line dal mittente). In altri termini, la rete non era impiegata come sistema per distribuire informazioni centralizzate ma come sistema distribuito di scambio di messaggi (e altri documenti digitali) tra gli utenti. Naturalmente questa era una tendenza di massima non priva di qualche eccezione. Vedremo nel prossimo capitolo come il rapporto tra messaggistica e forme di broadcasting si sarebbe invertito nel corso degli anni Novanta.

Negli anni Ottanta, a ogni modo, l'unico sistema telematico in grado di offrire altri servizi oltre a quelli di messaggistica era il videotex e segnatamente il servizio francese del Minitel. Il servizio Minitel venne attivato in Francia nel 1983 dopo una sperimentazione iniziata nel 1981 con un gruppo delimitato di 2500 utenti. France Telecom (la compagnia telefonica statale allora nota come Direction Générale des Télécommunications, DGT) impiegò una strategia di marketing radicale per diffondere l'uso del sistema: i terminali vennero semplicemente regalati agli utenti al posto degli elenchi telefonici cartacei, nella speranza di recuperarne i costi attraverso un aumento delle entrate per l'uso delle linee telefoniche. Il terminale Minitel originale era un oggetto piuttosto semplice il cui monitor aveva una definizione abbastanza bassa (ventiquattro linee per quaranta colonne). La strategia ebbe un immediato successo con tassi di penetrazione straordinari. Attualmente il Minitel è utilizzato da 17 milioni di persone che usufruiscono di servizi messi on line da migliaia e migliaia di fornitori, che hanno creato nel corso degli anni Ottanta un mercato del tutto nuovo e di notevoli dimensioni.

La storia del Minitel è considerata spesso negli Stati Uniti come un classico esempio di dirigismo statalista che impone scelte strategiche al mercato e ai consumatori dall'alto. L'accusa è forse eccessiva o irrilevante, visti e considerati i successi ottenuti. Oggi, tuttavia, il governo francese sente il peso di un possibile ritardo sul fronte di Internet proprio a causa dell'eccessiva diffusione del Minitel; a tale ritardo si cerca di far fronte con maggiori investimenti sul lato della diffusione di Internet e la stessa France Telecom è intervenuta creando delle gateway tra Minitel e Internet che permettano agli utenti del Minitel di utilizzare, ad esempio, la posta elettronica di Internet. Nonostante tutto questo, rimangono, come elementi a favore del Minitel, l'altissimo numero di utenti abbonati e il volume d'affari generato con la produzione di contenuti e servizi: su Internet, al contrario, gran parte dei ricavi degli operatori dipendono dalla commercializzazione della connettività stessa e dei dispositivi hardware e software direttamente connessi all'uso stesso della rete, non certo da servizi e contenuti offerti attraverso di essi. Questo non è un argomento a favore o contro il Minitel, bensì una constatazione del fatto che la maggior complessità e apertura tecnologica di Internet non implica un maggiore sviluppo del commercio di servizi veicolati attraverso di essa.

A parte i servizi di messaggeria, il Minitel offre accesso a banche dati (ad esempio quelle per la ricerca di lavoro inaugurate dalla Camera di Commercio di Montpellier), servizi di *home banking*, una molteplicità di servizi a carattere sessuale (che hanno avuto grande risalto sui media), l'elenco nazionale del telefono (il servizio di gran lunga più usato). Servizi di distribuzione centralizzata di informazioni si sarebbero affermati su Internet negli anni Novanta, come vedremo: negli anni Ottanta Internet era una rete che permetteva di scambiare messaggi personali e documenti digitali, non un medium per la lettura on line di documenti. Al contrario, nel corso degli anni Ottanta il Minitel costituiva un'esperienza avanzatissima e per certi aspetti (in particolare per ciò che riguarda l'offerta di servizi a pagamento) ancora non superata: l'estrema apertura e «gratuità» di Internet rende infatti molto difficile oggi la progettazione di servizi a pagamento (su questo tema si veda il capitolo quinto, § 3).

Anche negli Stati Uniti, la telematica degli anni Ottanta fu principalmente un fenomeno esterno a Internet, una realtà frammentata in una miriade di reti con caratteristiche indipendenti e non necessariamente (anzi difficilmente) interoperabili. In quel decennio tuttavia negli Stati Uniti si affermarono alcuni servizi commerciali di messaggistica che riuscirono a raggiungere un notevole numero di utenti. America Online (AOL) fondata nel 1985, Prodigy, Delphi, CompuServe (che iniziò a fornire servizi on line 24 ore su 24 nel 1980 e nel 1998 sarebbe stata acquisita da AOL) erano probabilmente quelle più importanti e conosciute. Una caratteristica costante di queste società (caratteristica che sarebbe stata accolta da tutti i grandi ISP degli anni Novanta) era che nessuna concepiva la propria *mission* nella sola fornitura di connettività per gli utenti, nessuna si autopercepiva come semplice società di telecomunicazioni. Tutte, al contrario, mostravano un qualche impegno sul fronte dell'offerta di contenuti e offrivano ai propri utenti aree di discussione e di incontro tematizzate. America Online, che ha oggi un'utenza di oltre 12 milioni di abbonati (ai quali bisogna aggiungere i 2 milioni di utenti di CompuServe, recentemente acquisita), ha una divisione specifica per l'elaborazione di contenuti, gli AOL Studios diretti da Ted Leonsis, che sviluppano materiali di intrattenimento e di informazione di ogni genere per gli utenti del servizio. Per caratteristiche e dimensioni di utenza, società come America Online (quotata in borsa sin dal 1992) non hanno equivalenti in Europa (se non appunto nel Minitel).

Nel corso degli anni Ottanta (e in parte ancora oggi) queste società offrirono servizi di rete basati su software e protocolli proprietari. Negli anni Novanta tutte queste società si sarebbero trasformate in fornitrici di connettività Internet (Internet Service Provider, ISP) o almeno avrebbero incluso i servizi Internet nella propria offerta. Motivati dalla necessità di facilitare e rendere sempre migliore il servizio per la propria utenza, queste reti commerciali introdussero attorno al 1990, dunque tre anni prima che su Internet (si veda il capitolo terzo), l'uso di «interfacce grafiche», colmando la lacuna che separava il software di rete dalle interfacce dei sistemi operativi correnti (Macintosh e Windows).

Verso la fine degli anni Ottanta, il Minitel francese e America Online costituivano dunque le due comunità telematiche più grandi del mondo, il loro bacino di utenza era di gran lunga superiore a quello delle reti Internet basate sui protocolli TCP/IP, e tuttavia entrambe ci appaiono oggi decisamente «perdenti» in rapporto allo sviluppo successivo delle reti TCP/IP. Nel prossimo capitolo esaminerò alcune ragioni importanti di questo balzo in avanti di Internet negli anni Novanta, ma alcuni fattori possono essere indicati sin d'ora.

1. Mentre il Minitel e AOL costituivano sistemi proprietari, i servizi TCP/IP sono sempre stati radicalmente aperti e pubblici: quindi chiunque poteva diventare un operatore Internet (in qualunque segmento del suo mercato, dall'hardware al software), mentre ciò non era possibile su Minitel o AOL, se non entro i ristrettissimi binari imposti dai detentori del sistema.

2. Minitel e AOL erano strutture centralizzate, mentre Internet costituiva letteralmente una rete distribuita di tecnici e operatori con relazioni da pari a pari entro la quale si sono evolute tecnologie e regole con modalità impossibili in una struttura centralizzata.

3. Lo sviluppo della connettività Internet non è derivata dalle strutture di marketing di un'azienda ma ha seguito (almeno sino all'inizio degli anni Novanta) il percorso «casuale» della domanda di interconnessione degli utenti e degli operatori (inizialmente *no profit*).

4. La diffusione internazionale è stata possibile sulla base di questi medesimi presupposti, quindi priva di barriere dovute alla protezione di strumenti o standard proprietari.

5. Gli standard e i protocolli vengono sviluppati su Internet da soggetti che sono espressione (volontaria) della comunità stessa degli utenti, ivi inclusi coloro che hanno interessi commerciali nella rete: gli standard evolvono e si modificano, dunque, sulla base di una pressione e di esigenze reali dell'utenza (si veda il § 4).

6. Le reti TCP/IP si sono sviluppate in ambito universitario e ciò ha consentito lo sviluppo di comunità di utenti fortemente competenti sul piano tecnologico, in grado di approfittare dell'«apertura» delle reti TCP/IP fornendo contributi innovativi a questa tecnologia. Moltissimo software per l'accesso alla rete, ad esempio, è stato realizzato e diffuso gratuitamente da programmatori indipendenti o di provenienza accademica (programmi di ogni genere, da quelli per la posta elettronica a interi sistemi operativi, come Linux o FreeBSD, ancora oggi disponibili gratuitamente). Il ruolo svolto da questa vasta disponibilità di software gratuito è stato notevole e tutt'oggi se ne percepiscono gli effetti nell'abitudine dei produttori commerciali di software presenti in rete di attrarre clienti regalando il software. In taluni casi la distribuzione di software gratuito è una strategia di marketing paradossale ma obbligata (il caso della Netscape di cui dirò più avanti è emblematico in questo senso).

7. La delimitazione accademica dell'utenza di Internet sino alla fine degli anni Ottanta ha costituito un forte fattore di stimolo alla sua crescita quantitativa: l'utenza accademica ha infatti forti motivazioni alla comunicazione di rete, all'interconnessione delle reti di ricerca e ha una vocazione naturale alla comunicazione internazionale. Questo ha permesso il consolidamento di una comunità internazionale di utenti con forti interessi a stabilizzarne e diffonderne l'uso e a migliorarne i meccanismi di funzionamento.

Ognuno di questi elementi segna una differenza precisa rispetto ad altri modelli di reti proprietarie nate tra gli anni Settanta e Ottanta. Complessivamente tali fattori hanno contribuito all'eccezionale diffusione di Internet che si registra negli anni Novanta. In quegli anni Internet «vince», nel senso che convince tutti gli operatori ad aprire i propri sistemi alla comunicazione con altri sistemi TCP/IP: non si tratta quindi della vittoria di un'azienda o di un gruppo di operatori su altri, ma di una sorta di «riforma» di massa della comunicazione telematica. Internet «vince» negli anni Novanta perché fornisce i protocolli più diffusi al mondo per l'interoperabilità delle reti di computer, «vince», quindi, come linguaggio condiviso della comunità telematica.

6. La situazione italiana

La storia italiana di Internet negli anni Settanta e Ottanta è stata ovviamente molto periferica. Il mondo della telematica italiana si è mosso in quel periodo prevalentemente al di fuori dei protocolli TCP/IP di ARPANET/Internet. Questo era vero tanto nel contesto accademico quanto nel mondo della telematica amatoriale e commerciale.

Negli anni Ottanta il panorama italiano era tuttavia abbastanza variegato. I principali sistemi telematici erano Videotel, Fidonet, la rete dell'Istituto Nazionale di Fisica Nucleare (INFNet) e successivamente la rete accademica del GARR, la rete I2U degli utenti di UNIX (da cui deriverà Iunet), alcune importanti BBS situate principalmente a Roma e Milano. Solo verso la metà degli anni Novanta, come vedremo nel capitolo terzo, emerse sul mercato italiano un'offerta ampia di servizi Internet.

Per gran parte degli utenti amatoriali, l'inizio della telematica italiana può essere fatto risalire al 1986, anno in cui la ex SIP iniziò a commercializzare Videotel, sebbene il servizio esistesse in forma sperimentale già dal 1981. Videotel era un servizio cui si accedeva con terminali forniti dalla SIP attraverso le linee telefoniche standard, con un sistema di tariffazione basato sul tempo di consultazione e contabilizzato nella bolletta telefonica dell'utente. La tariffazione dipendeva dal prezzo dei servizi attivati dai diversi fornitori di informazione, sui quali la SIP tratteneva il 10%. L'offerta includeva servizi di messaggeria e posta elettronica, home banking, informazioni sugli elenchi telefonici, giochi, banche dati di vario genere. I fornitori di informazione erano collegati, attraverso una linea dedicata digitale (una CDN a 64 kbps) a una centrale SIP di Milano che gestiva gli accessi dell'intero territorio nazionale. Fino al 1989 l'utenza italiana del Videotel si attestava attorno alle 30.000 unità, ma a partire da quell'anno, con il noleggio di terminali a basso costo (7000 lire mensili), si registrò un notevole balzo in avanti passando a 80.000 utenti (nel 1989), 150.000 (nel 1990), 184.000 (nel 1992). A partire dal 1993 sia l'utenza sia i fornitori di informazione cominciarono a diminuire sensibilmente: i fornitori di informazione, 748 nel settembre 1993, erano diventati 632 nel settembre 1994.

Alla struttura centralizzata del Videotel si opponeva la rete Fidonet, una struttura decentralizzata (si ripensi al modello di Baran) suddivisa in «zone» (continenti), «regioni» (Paesi), «reti», «hub», «nodi» e utenti finali. Il software Fidonet era originariamente destinato ai soli utenti di PC IBM-compatibili con sistema operativo DOS. Fidonet era fondamentalmente un sistema di messaggistica basato sulla rete telefonica standard: tutte le notti i nodi di Fidonet (i computer cui si collegavano gli utenti finali) attivavano una serie di chiamate telefoniche sincronizzate per inviarsi la posta elettronica (con un software che si chiama Echomail). La rete Fidonet (e in generale le BBS realizzate con tecnologia Fidonet o FTN) è stata il mezzo telematico della cultura *underground* italiana (in particolare milanese). Nonostante la drastica perdita di utenti a favore di Internet, la rete Fidonet italiana esiste tuttora e ha molte decine di nodi attivi nelle principali città italiane.

Nel 1994 i *sysop* (*system operators*, amministratori di sistema) della rete Fidonet subirono la prima grande operazione di polizia della storia italiana contro la copia illegale di software. Le dimensioni di quest'operazione danno un'idea dell'estensione dell'utenza Fidonet in quel periodo: nella sola città di Pesaro la Procura emise 123 ordini di perquisizione, per i quali vennero impiegati 63 reparti della Guardia di Finanza che sequestrarono 110.000 dischetti, 160 PC, 83 modem, 92 CD e altri materiali (Chiccarelli, Monti, 1997).

Il 14 dicembre 1994, Bruce Sterling, lo scrittore e giornalista americano che meglio si è occupato del fenomeno della pirateria informatica negli Stati Uniti, ha commentato l'operazione di polizia italiana:

> Nel 1992 ho scritto un libro intitolato *Giro di vite contro gli hacker*. In gran parte, quel libro riguardava un'operazione della polizia americana chiamata *Operazione Sundevil*, che avvenne nel 1990 e portò a sequestri di BBS [...] In Italia, nel maggio 1994, la polizia ha lanciato un attacco ai BBS italiani che era almeno il doppio di *Operazione Sundevil* e potrebbe essere addirittura cinque volte più grande. Questa è la più grande operazione di sequestri di BBS nella storia[1].

[1] La fonte della citazione (traduzione mia) è una lettera inviata il 12 settembre 1994 da Bruce Sterling alla ALCEI (Associazione per la Libertà nella Comunicazione Elettronica Interattiva). La lettera è sul sito web della ALCEI all'indirizzo: http://www.alcei.it/english/news/sterling.htm.

Fuori del mondo Fidonet furono importanti le esperienze delle BBS Agorà e MCLink a Roma e di Galactica a Milano. MCLink, ad esempio, era una BBS che venne aperta nel 1986 come complemento telematico della rivista *MCmicrocomputer* (fondata nel 1981). L'esperienza di Agorà (fondata da Roberto Cicciomessere) era invece legata al Partito radicale.

La prima istituzione scientifica italiana a disporre di strutture telematiche complesse fu l'Istituto Nazionale di Fisica Nucleare (INFNet) a partire dal 1978. Nel 1987 la rete complessiva degli istituti di fisica connessi in Italia aveva raggiunto i 118 host. L'INFN fu anche il primo centro di ricerca a disporre di una connessione permanente a Internet in Italia.

La situazione della rete accademica italiana venne riconsiderata globalmente nel 1988. In quell'anno fu infatti costituito il GARR (Gruppo Armonizzazione Reti per la Ricerca), un'organizzazione coordinata dal Ministero della Ricerca scientifica con il compito di amministrare la rete accademica e di ricerca italiana sviluppando l'interconnessione tra le reti delle differenti università italiane con la rete internazionale. Milano, Bologna, Pisa, Roma e Bari costituirono i poli della «dorsale» (il cosiddetto *backbone*) ad alta velocità della rete accademica italiana alla fine degli anni Ottanta (oggi invece sono Milano, Bologna, Roma e Napoli). In seguito la rete fu ampliata a cinquanta sedi universitarie, per poi espandersi ulteriormente sino a comprendere oggi tutte le università, gli enti di ricerca, gli osservatori astronomici e i «consorzi per il calcolo» (centri di calcolo con risorse tecnologiche avanzate, come il CINECA di Bologna).

Fu dall'associazione I2U degli utenti UNIX italiani che nacque il primo Internet provider privato italiano, Iunet.

I2U costituiva il raccordo italiano con Eunet una rete che raccoglieva utenti ed esperti di UNIX, matematici e informatici. Iunet è stata la prima rete Internet italiana non legata al GARR, inizialmente senza finalità commerciali. Nel 1994 nacque a Milano Iunet SpA acquisita da Olivetti Telemedia (e successivamente da Infostrada).

Complessivamente il mondo della telematica italiana prima della commercializzazione di Internet (a partire dalla metà degli anni Novanta) raccoglieva un pubblico estremamente variegato di alcune centinaia di migliaia di persone. Si andava dallo «smanettone», semplice utente di un PC o sysop di un nodo Fidonet, al programmatore o al ricercatore, utenti di una workstation UNIX che accedevano alla rete e conversavano con i propri colleghi attraverso Iunet o la rete accademica GARR. Al livello più basso (dal punto di vista della competenza informatica necessaria) si collocavano gli utenti del Videotel che accedevano al servizio attraverso un terminale dedicato e pagavano il costo del collegamento sulla loro bolletta telefonica. In ognuno di questi «segmenti» d'uso della telematica l'Italia presentava tassi di diffusione tra i più bassi in Europa.

CAPITOLO TERZO

LA SVOLTA DEGLI ANNI NOVANTA: IL MODELLO IPERMEDIALE

Gli inizi degli anni Novanta hanno costituito uno spartiacque decisivo nella storia di Internet. Come vedremo nel corso di questo capitolo, a partire dal 1993 al modello di comunicazione di rete basato sui servizi di messaggistica cominciò a essere affiancato un modello completamente nuovo fondato su strutture ipertestuali (concetto che cercherò di chiarire nel § 2) e in particolare dal sistema del *World Wide Web* (d'ora in poi semplicemente web), sebbene anche altri ambienti ipertestuali si siano contesi la scena agli inizi di questo periodo. Cominciano a essere sempre più diffusi sistemi per l'accesso e la consultazione di banche dati, si realizza infine un avvicinamento tra l'interfaccia grafica dei sistemi operativi più diffusi (Macintosh e Windows) e i programmi di rete.

Altri passaggi cruciali riguardano l'apertura al mercato di Internet (prima negli Stati Uniti poi in Europa), il raggiungimento di una massa notevole di utenti tuttora in crescita esponenziale, la stabilizzazione di una cultura della rete fuori della rete stessa o, in una parola, il boom di Internet sui media, infine un effetto retroattivo di Internet sul mondo dell'informatica in generale, oggi dominato dal problema di estendere le vecchie applicazioni *stand alone* in ambienti di rete.

1. La rete accademica, il mercato e la crescita degli utenti

Nel 1990 ARPANET cessò di esistere come entità formale e la rete accademica cominciò a differenziarsi dalla nascente rete commerciale di utenti extraccademici. Già nel 1987 la dorsale di rete di NSFNET (il consorzio che amministra l'intera rete accademica negli Stati Uniti a partire dal 1985) cominciò a essere gestita in collaborazione con una società privata, la Merit Networks, a sua volta connessa con la IBM e la MCI. Nel 1991 Merit, IBM e MCI costituirono l'Advanced Network & Services (ANS) per gestire su una propria rete privata a larga banda il network accademico. Inizialmente ciò provocò resistenze da parte degli operatori privati che intravedevano una violazione delle regole sulla concorrenza nel fatto che una rete pubblica (finanziata con soldi pubblici) potesse competere direttamente – sulla stessa rete fisica – con concorrenti privati. A partire dal 1993-1994, tuttavia, la situazione fu risolta attraverso un sistema decentralizzato che fondamentalmente interconnetteva diverse realtà accademiche regionali americane evitando il passaggio attraverso la dorsale gestita da ANS (che sarebbe stata in seguito acquisita da AOL). In sostanza, rete accademica e rete commerciale cominciarono a differenziarsi.

Verso la metà degli anni Novanta il mercato di Internet è ormai pienamente avviato negli Stati Uniti e comincia a muovere i primi passi negli altri Paesi (in particolare in Europa). Ciò accade parallelamente a una sostanziale crescita del numero di utenti nel mondo (anche se è necessario tenere conto del fatto che molti dei «nuovi» utenti di Internet agli inizi degli anni Novanta erano precedentemente utenti di altri servizi on line, i quali a loro volta si erano «convertiti» ai protocolli TCP/IP diventando di fatto anche Internet provider). Dall'inizio alla fine degli anni Ottanta, gli utenti di Internet passano da qualche migliaio a circa un milione per arrivare sino a 50 milioni attorno al 1995. In termini di velocità di espansione, Internet è quindi cresciuta di circa mille volte nel corso degli anni Ottanta e di circa cinquanta volte nei cinque anni successivi. Il vero boom di Internet avvenne dunque negli anni Ottanta con crescite esponenziali che rallentarono solo negli anni Novanta.

Se gli anni Novanta sono gli anni del passaggio dalla rete accademica a una più vasta rete di mercato ciò coincide con una riduzione del gap tra Stati Uniti e resto del mondo nel numero di utenti connessi. Se si confronta la situazione mondiale di Internet nel 1996 con le previsioni sulla crescita dell'utenza sino all'anno 2001 (si veda la tabella 2) si possono notare le seguenti linee di tendenza. Gli utenti statunitensi di Internet costituivano il 55,2% del totale nel 1996 e si stima diventeranno il 41,1% nel Duemila. L'utenza europea costituiva il 27,7% nel 1996 e costituirà il 30,8% nel Duemila. Il Giappone passerà dal 4,5 al 7,6%. Il resto del mondo (che subirà la crescita più evidente nei prossimi anni) passerà dal 12,7 al 20,5%. La stima di EITO per il Duemila è di circa 225 milioni di utenti di servizi Internet e on line, una cifra (per prendere un riferimento casuale) quasi pari a quattro quinti della popolazione statunitense attuale (dati più precisi sull'Italia possono essere reperiti nel § 6).

Nel capitolo secondo ho accennato ad alcune ragioni che spiegano il successo di Internet su altri sistemi di *networking* negli anni Novanta. Nel seguito del presente capitolo mi occuperò di quello che appare il fattore cruciale di tale successo: l'invenzione e lo sviluppo del web.

Tabella 2 – Gli utenti di servizi Internet e on line nel mondo (1996-2001)

Utenti Internet e servizi on line (× 1000)	1996	1997	1998	1999	2000	2001
Francia	6.800	7.000	7.500	8.175	10.118	12.491
Germania	2.783	4.461	6.695	9.426	12.621	16.299
Italia	723	1.315	2.043	2.956	4.139	5.616
Spagna	1.106	1.412	1.780	2.528	3.426	4.466
Regno Unito	3.014	4.519	6.198	8.110	10.222	12.254
Europa Occidentale	17.889	23.928	31.478	40.911	52.981	66.673
Europa Orientale	491	894	1.525	2.432	3.581	5.008
Totale Europa	18.380	24.822	33.013	43.343	56.562	71.681
Stati Uniti	36.672	46.956	56.860	66.270	75.547	85.338
Giappone	2.962	3.960	6.309	9.718	13.953	18.996
Resto del Mondo	8.447	13.248	19.589	27.497	37.566	49.302
Totale Mondo	66.461	88.986	115.771	146.828	183.628	225.317

Fonte: EITO, 1998.

Poiché il web è un sistema ipertestuale ho pensato di far precedere la discussione sul web da un paragrafo dedicato alla storia e alla definizione del concetto di ipertesto: questa digressione non chiarisce necessariamente la natura del web ma permetterà al lettore di capire quale background teorico avessero i promotori di questo sistema agli inizi degli anni Novanta.

2. *Il concetto di ipertesto da Vannevar Bush a oggi*

Il concetto di ipertesto (elaborato già a partire dagli anni Sessanta da figure come Andries van Dam, Ted Nelson, Douglas Engelbart, popolarizzato attraverso la diffusione di pacchetti software come Hypercard della Apple o Intermedia della Brown University) e poi successivamente quello di «ipermedia» (*hypermedia*, ovvero «ipertesto multimediale») diventano in breve tempo i termini «ombrello» che raccolgono (dal CD ROM a Internet) tutti i fenomeni di editoria elettronica on line e off line che emergono sul mercato internazionale.

Da dove nasce il concetto di ipertesto che sembra dominare la scena di Internet dopo l'avvento del web? In che modo questo concetto ci aiuta a comprendere le nuove caratteristiche di Internet degli anni Novanta? In che modo la prevalenza di strutture ipertestuali influenza lo sviluppo di Internet come medium? Ecco intanto qui di seguito due definizioni elementari di ipertesto:

> Testo che non costituisce una singola sequenza e che può essere letto in diversi ordini; specialmente testo e grafica [...] che sono interconnessi in modo che il lettore del materiale (visualizzato attraverso un computer) può interrompere la

> lettura di un documento in certi punti per consultare altro materiale correlato (*Oxford Dictionary*; traduzione mia).
>
> Termine coniato da Ted Nelson attorno al 1965 per designare un insieme di documenti (o «nodi») contenenti riferimenti incrociati o «link» i quali, con l'aiuto di un browser interattivo, permettono al lettore di muoversi facilmente da un documento all'altro (*Free On Line Dictionary of Computing*; traduzione mia).

Nell'accezione più comune (i due passi provengono da un dizionario standard e da un dizionario informatico), gli ipertesti sono dunque insiemi di documenti consultabili in modo non sequenziale attraverso un software (*browser*) che permette al lettore di «saltare» da un documento all'altro in modo «discontinuo».

La quasi totalità degli osservatori conviene su alcune date cruciali nella storia di questo concetto. Il pioniere riconosciuto è Vannevar Bush che propone (in un saggio pubblicato su *The Atlantic Monthly* nel luglio 1945, intitolato «As We May Think») un dispositivo – il memex – considerato una sorta di protosistema ipertestuale.

Lo strumento che ha in mente Bush, il memex (da *memory expander*), è considerato un'«estensione della memoria» dell'utente. Si tratta di una scrivania dove sono collocati degli schermi traslucidi obliqui sui quali vengono proiettati microfilm per la lettura, una tastiera, bottoni e leve. L'interno del memex può contenere, secondo Bush, un archivio di microfilm più che sufficiente per le esigenze del singolo utente («Anche se l'utente inserisse 5000 pagine al giorno, gli ci vorrebbero centinaia di anni per riempire il deposito», scrive Bush). I microfilm potranno essere acquistati già pronti per l'inserimento o, in alternativa, potranno essere inseriti dall'utente direttamente attraverso uno degli schermi di cui è dotata la scrivania, schermi dai quali i materiali dell'utente potranno venire microfilmati e inseriti nell'archivio (si veda la ricostruzione nella figura 3).

La caratteristica cruciale del memex è il suo sistema di «indicizzazione» (*indexing*) e consultazione dei documenti e quanto Bush dice in proposito è considerato un precorrimento delle concezioni recenti dell'ipertestualità. Infatti, l'utente potrà consultare il suo archivio usando metodi tradizionali di indicizzazione (codici del materiale, codici mnemonici). Una volta reperito il materiale da consultare, un sistema di leve permette di scorrerne il contenuto e uno speciale bottone consente di tornare immediatamente all'indice. I diversi schermi sulla scriva-

Figura 3 – Una ricostruzione del memex di Bush.

nia offrono la possibilità di visualizzare contemporaneamente più documenti. In alternativa a questo modo di accesso, aggiunge Bush, il memex consentirà anche un sistema di «indicizzazione associativa» (*associative indexing*) il cui principio fondamentale è che «un'informazione può essere correlata a qualsiasi altra». È questa capacità del memex a essere cruciale per Bush, a consentire cioè all'utente di collegare qualsiasi documento con un altro in modo associativo.

Un collegamento (ciò che nel linguaggio dei produttori di ipertesti viene oggi indicato come link) verrà codificato con un nome e con un codice. Il codice verrà usato per marcare i due documenti collegati che d'ora in poi potranno richiamarsi l'un l'altro ogni volta che verranno proiettati sugli schermi del memex. Una leva speciale permetterà inoltre di costruire delle «piste» (*trails*), composte di più collegamenti, in modo che i documenti collegati possano essere consultati rapidamente in sequenza. Infine ogni elemento potrà far parte di più piste e quindi includere più collegamenti. Secondo Bush, in futuro tutti i campi del sapere verranno influenzati da questo sistema di archiviazione e in tutti verranno costruiti reticoli di piste associative che faciliteranno il lavoro di consultazione dei documenti.

Al di là dell'anticipazione di Bush, la prima elaborazione concettuale del problema dell'ipertestualità viene realizzata da Ted Nelson. Una serie di sistemi ipertestuali sperimentali vengono elaborati o semplicemente progettati (come nel caso di Xanadu) da figure come Andries van Dam, Douglas Engelbart e Ted Nelson a partire dagli anni Sessanta. Ma la pratica dell'ipertestualità supera i limiti della sperimentazione accademica solo negli anni Ottanta, con la prima release di Hypercard (da parte della Apple), il primo sistema di *authoring* ipertestuale per il Macintosh. L'equivalente per PC – Toolbook – apparirà nel 1991 e diventerà una delle piattaforme principali di sviluppo nel primo periodo di diffusione dei progetti di editoria multimediale. Il progetto del web costituisce infine il coronamento di queste ricerche ed è il primo esempio di un sistema ipertestuale distribuito accessibile pubblicamente su base internazionale.

Da un punto di vista storico, questo concetto sembra emergere da tre linee di ricerca e da tre orizzonti di problemi relativamente indipendenti l'una dall'altro. Per Bush il problema cruciale che spinge alla progettazione di sistemi come il memex è la crescita della quantità di dati (*records*) di cui gli operatori dell'informazione devono tener conto, che devono manipolare e controllare. Per Ted Nelson, al contrario, il problema fondamentale è il modo in cui il «sistema editoriale» può venire riformato dalle nuove tecnologie dell'informazione. Per figure come Douglas Engelbart e Tim Berners-Lee, infine, il tema centrale è quello degli strumenti di collaborazione e coordinamento di gruppi di lavoro.

Negli anni Novanta il termine ipertesto viene sempre più frequentemente sostituito con l'espressione «ipermedia» (ipertesto multimediale, espressione già usata da Nelson) che sintetizza bene la tendenza dell'editoria elettronica in questo periodo a coniugare (inizialmente solo su CD ROM poi progressivamente anche su Internet) gli ipertesti di «solo testo» con materali digitali di ogni genere (audio, video, animazioni, immagini).

Parallelamente allo sviluppo di software e prodotti sperimentali e per il mercato, si viene delineando (perlomeno a partire dalla conferenza *Hypertext '87*, presso la University of North Carolina) una riflessione teorica sul concetto di ipertesto e ipermedia che sembra aver raggiunto oggi alcuni punti fermi universalmente accettati (o almeno «ripetuti») nella letteratura corrente. Le tesi che elenco qui di seguito non sono necessariamente accettate in blocco da tutti i commentatori, ma sfido il lettore a trovare un solo saggio teorico sull'ipermedialità in cui non si faccia riferimento ad almeno uno di questi concetti.

2.1. Non linearità (o non sequenzialità). Gli ipertesti sono testi non sequenziali. In questa formulazione rimane ambiguo se qui ci si riferisca alla *dispositio* o al processo di lettura, e tale ambiguità resta normalmente non sciolta nella letteratura corrente.

2.2. Isomorfismo tra strutture ipertestuali e strutture della conoscenza. In virtù del loro carattere non-sequenziale, gli ipertesti sono testi più «isomorfi» rispetto alla struttura della conoscenza e dunque più efficaci (ad esempio dal punto di vista dell'apprendimento) dei testi tradizionali.

2.3. Link. Gli ipertesti sono testi nei quali il passaggio attraverso le diverse sottounità testuali è orientato da «collegamenti» (link); i link permettono al lettore di «saltare» in modo non sequenziale dall'una all'altra delle sottounità stesse.

2.4. Interattività. Gli strumenti ipermediali sono caratterizzati da un qualche grado (più o meno grande, a seconda dei casi) di interattività. Il termine interattività indica (in modo del tutto ambiguo) una pluralità di fenomeni: dalla simulazione dell'interazione comunicativa al grado di manipolabilità del testo attraverso strumenti integrati nel software di lettura.

2.5. Multimedialità. La multimedialità costituisce un tratto specifico dell'ipermedia in quanto capacità di sintesi di «media» diversi. «Ipermedia è l'integrazione dei media in un unico, nuovo oggetto comunicativo non riferibile a, né comprendibile in, nessuno dei singoli media specifici componenti» (Antinucci, 1993).

Cronologia 2

1945	Vannevar Bush (science advisor di Roosevelt durante la seconda guerra mondiale) propone il memex
1965	Ted Nelson conia il termine ipertesto
1967	Andries van Dam elabora Hypertext Editing System
1968	Douglas Engelbart elabora NLS
1981	Ted Nelson progetta Xanadu
1987	Apple sviluppa Hypercard, Hypertext '87 Workshop
1989-90	Tim Berners-Lee progetta il World Wide Web
1990	Prima European Conference on Hypertext (ECHT)
1991	Prima release di Toolbook
1993	Prima release di Mosaic

3. Ipertesti su Internet: il web

All'inizio degli anni Novanta cominciò a emergere su Internet una nuova generazione di applicazioni e servizi. Archie, Hytelnet, Gopher, Veronica, WAIS (si veda «Glossario») e altri servizi simili sono tutti esempi di sistemi ipertestuali e/o database distribuiti emersi in quel periodo. La rete aveva ormai raggiunto dimensioni tali da richiedere qualcosa in più di un efficiente sistema di messaggistica: l'enfasi cominciò a essere posta sui sistemi di ricerca e archiviazione delle informazioni (database) e sulla distribuzione dei documenti per una lettura on line (ipertesti).

Il web (progettato tra il 1989 e il 1990 da Tim Berners-Lee al CERN di Ginevra) fu senz'altro la *killer application* del nuovo periodo e l'elemento di innovazione più radicale rispetto al periodo precedente. Oggi la quasi totalità degli altri sistemi di accesso ipertestuale ai dati è stata resa obsoleta dal web o integrata nelle sue funzionalità di base.

Il web è un sistema *client/server* per distribuire documenti ipertestuali. Un computer server distribuisce i documenti, i computer client possono accedere ai documenti caricandoli entro programmi, i browser, che permettono di seguire i link ipertestuali contenuti nei documenti stessi. Il sistema è radicalmente aperto: Internet contiene oggi milioni di server web e milioni di utilizzatori attraverso browser. Ogni documento web può contenere link e qualunque altro documento sul web.

I documenti web vengono codificati con uno speciale linguaggio di descrizione del testo, HTML (*HyperText Markup Language*, o linguaggio di «demarcazione ipertestuale»). HTML, che serve a formattare il testo e a codificare le sue relazioni ipertestuali (i suoi link) con altri documenti, viene «interpretato» dal browser che permette all'utente la visualizzazione in chiaro del documento e l'attivazione dei link che vi sono contenuti.

Anche se si tratta di una cosa piuttosto banale, non è mai stato notato come il web e, più in generale, gli strumenti emersi in questo secondo periodo della storia di Internet abbiano radicalmente mutato il modo in cui i testi venivano distribuiti e fruiti on line. La rete non è più il mezzo per accedere a «conversazioni tra individui» ma un sistema per consultare (direttamente on line) testi di qualunque formato e dimensione. Negli anni Ottanta, ad esempio, un libro in formato elettronico poteva al più essere «scaricato» dalla rete (via FTP, ad esempio) ma non consultato direttamente. Il web permette invece di accedere a testi in un formato che consente la lettura on line.

Tra il 1990 e il 1993, i nuovi sistemi emergenti continuarono a essere utilizzati in ambienti con interfacce a caratteri (si veda più avanti la discussione sull'evoluzione delle interfacce del web). Nel 1993 venne invece resa pubblica la prima release (gratuita) di Mosaic, il primo browser grafico per il web che consentiva la formattazione del testo, l'inserzione di elementi multimediali nel documento, l'uso del mouse per seguire i link ipertestuali, la possibilità di coniugare (in una pluralità di forme) testi e applicazioni informatiche (con strumenti come Java, JavaScript, Vbscript, linguaggi di programmazione che permettono di scrivere programmi integrabili in una pagina web).

A confronto dei servizi di e-mail, chat, news, mailing list sviluppatisi a partire dagli anni Settanta nell'ambito delle comunità accademiche o comunque partendo da aree di interesse estremamente «segmentate», il web degli anni Novanta presentava molte altre differenze. In particolare, il grado di interattività (cioè di relazionalità tra gli utenti, secondo un'accezione ristretta del termine) reso possibile dalla pagina web appariva profondamente limitato.

Come ha suggerito Emilio Pucci, anziché rafforzare lo sviluppo e l'integrazione di gruppi delimitati di utenza, in continuità con il processo avviato negli anni Settanta e Ottanta, il web ha piuttosto stimolato un'offerta «generalista» di contenuti, sul modello della televisione pubblica e commerciale (si pensi a siti come *Yahoo* che offrono accesso a informazioni di ogni genere, dalla a alla z). È probabile che questo spostamento da una prospettiva «tematica» a una «generalista» costituisca un effetto di breve periodo dovuto allo sviluppo del web. Tale fenomento costituisce tuttavia ancora oggi un orientamento stabile dei grandi ISP nel mondo.

Negli anni precedenti al 1993 (prima dello sviluppo di Mosaic), infatti, il web era utilizzabile solo attraverso un'interfaccia a caratteri (il browser a caratteri più diffuso era Lynx).

Anche dopo il 1993, tuttavia, il web ha continuato a essere utilizzato con interfacce non grafiche dagli utenti connessi alla rete via modem, sino a quando si sono stabilizzati nell'uso comune i protocolli SLIP/PPP che consentivano di avere una connessione TCP/IP anche sulle linee telefoniche commutate. In precedenza, infatti, l'accesso alla rete via telefono era necessariamente un accesso in emulazione di terminale.

Ecco alcune delle nuove funzionalità che i browser WWW assumono tra il 1993 (con Mosaic) e oggi:

– i link vengono seguiti dall'utente con il mouse (in precedenza si usavano le frecce della tastiera: a destra per seguire un link, a sinistra per tornare indietro, in alto e in basso per scorrere i link presenti all'interno della pagina);

– il testo può essere formattato (sino alla definizione di font, colori, tabelle e tutte le caratteristiche che sono tipicamente manipolabili attraverso un programma di scrittura);

– il documento può contenere immagini visualizzate assieme al testo scritto;

– il documento può contenere immagini-mappa, un'immagine cioè che può essere ritagliata in aree che attivano ognuna un link indipendente;

– il documento può includere audio, video, animazioni;

– la videata può essere suddivisa in più finestre attive (*frames*);

– il documento HTML può includere piccoli programmi elaborati con linguaggi di scripting come JavaScript o Vbscript;

– se il browser lo consente il documento può «incorporare» programmi di ogni genere (ad esempio, applicazioni in Java).

L'evoluzione dei browser è ovviamente connessa all'evoluzione dei modelli grafici e strutturali dei servizi web. Uno studio accurato sull'evoluzione delle interfacce grafiche dei servizi web resta da realizzare ed è forse necessario attendere ancora qualche tempo prima di riuscire a focalizzare tendenze sufficientemente stabili.

Cronologia 3

1989-90	Progetto del www di Tim Berners-Lee al CERN di Ginevra
1990	Archie Hytelnet WWW-HTML
1991	WAIS Gopher
1992	Veronica
1993	Prima release di Mosaic (Marc Andressen & Eric Bina, NCSA)
1993-94	Rapporto Bangemann UE
1994	Mosaic Corporation fondata da Marc Andressen (poi Netscape con Jim Clarke)
1995-96	Java JavaScript Vbscript VRML MS Internet Explorer Windows '95
1996	Plugin

In tutto questo è anche cruciale l'evoluzione di HTML e dei vari linguaggi di programmazione che permettono di rendere più complesse le funzioni della pagina HTML. In entrambi i casi si tratta da un lato di un'evoluzione in direzione di una maggiore standardizzazione (gestita da una pluralità di organizzazioni internazionali) e dall'altro di un processo di competizione tra sistemi proprietari sviluppati dalle singole case produttrici.

La sempre maggiore diffusione del web e la sua integrazione in una serie di contesti d'uso precedentemente limitati al software off line dei PC tradizionali pongono l'evoluzione del web in stretto rapporto con l'evoluzione delle applicazioni desktop tradizionali (word processing, *data sheets*, database ecc.) e dei sistemi operativi.

4. La «guerra dei browser»: Microsoft, Netscape

Il 13 ottobre 1994, a sei mesi dalla fondazione della società, la Netscape comincia a distribuire gratuitamente via Internet la versione «beta» (nel linguaggio informatico, il prototipo che precede il rilascio finale di un programma software) del suo browser web, Navigator.

Per la realizzazione del prodotto la società californiana può avvantaggiarsi della direzione tecnica del suo vicepresidente, Marc Andressen, che era stato l'inventore di Mosaic nel 1993 al National Center for Supercomputing Applications (NCSA) della University of Illinois a Urbana-Champaign.

Nel giro di un anno, con la politica della licenza gratuita del browser e della distribuzione via Internet, Netscape Navigator acquisisce la grande maggioranza dell'utenza di servizi web nel mondo.

Fino al 1995 la Microsoft non ha un browser www concorrente. Internet Explorer viene realizzato sulla base di Mosaic, di cui la Microsoft acquista la licenza dalla University of Illinois. Il 1995 è anche l'anno di Windows '95, la nuova release del sistema operativo della Microsoft puntata decisamente verso le reti e Internet.

A partire dal 1995 la Microsoft ingaggia una gara tesissima con la Netscape per acquisire il controllo del mercato dei browser. Nonostante l'apparenza di applicativo secondario e poco remunerativo, il browser è un programma che viene percepito sempre più come il paradigma di un nuovo modo di pensare l'interfaccia del computer. Come mostrerò nel prossimo capitolo, attorno al browser si concentrano oggi alcune delle tendenze più interessanti nello sviluppo recente dell'informatica.

La concorrenza tra Microsoft e Netscape ha generato il rilascio a catena di versioni sempre più aggiornate e ricche di funzionalità dei rispettivi browser, processo che è ancora decisamente in atto e che ha prodotto una rapida evoluzione non solo dei browser ma anche del web in generale.

Il World Wide Web Consortium (W3C), un'organizzazione internazionale no profit fondata nel 1994 e diretta da Tim Berners-Lee per l'elaborazione di protocolli comuni rivolti al miglioramento del web, vede la partecipazione attiva di programmatori di tutte le case di produzione software coinvolte nel mercato del web e genera innovazioni a catena negli standard di base del sistema.

Le definizioni standard del linguaggio HTML, ad esempio, hanno subìto un processo rapidissimo di evoluzione negli ultimi anni, in parte accelerato dalla tendenza delle case produttrici a introdurre innovazioni autonome nel tentativo di imporre standard *de facto* al mercato.

La «guerra dei browser», com'è stata definita da qualche giornalista, è stata combattuta con ogni mezzo oltre la semplice innovazione tecnica del prodotto. Nel 1996 la Netscape ha intentato una causa contro la Microsoft al Dipartimento di Giustizia ritenendo quest'ultima colpevole di pratiche contrarie alle norme sulla concorrenza: secondo la Netscape, la Microsoft avrebbe offerto sconti su Windows '95 ai produttori di hardware che avessero deciso di non installare Netscape Navigator; tale accusa è sempre stata considerata infondata dalla Microsoft.

La complessa vicenda delle cause antitrust in cui la Microsoft è stata coinvolta ha origine nel 1990 quando la Federal Trade Commission cominciò a investigare sulle possibili violazioni delle norme antitrust legate al marketing congiunto di applicazioni e sistemi operativi da parte dell'azienda di Redmond. Si tratta, come dirò anche nel prossimo capitolo, di un tema complesso che mette in gioco anche il rapporto tra marketing e innovazione tecnologica. Certo è che dal punto di vista del consumatore finale del prodotto, è assai più interessante la battaglia tecnologica che quella legale tra i due operatori.

In questa prospettiva, per fortuna, si colloca l'ultima mossa della Netscape per mantenere il suo predominio nel mercato dei browser: agli inizi del 1998 la società californiana ha deciso di rendere pubblico il codice sorgente (ha cioè «aperto» il software) di Netscape Navigator, nella speranza che questo possa generare un'ondata di innovazioni da parte dei programmatori di tutto il mondo, innovazioni che sarebbero basate sulla piattaforma Netscape. Il ricorso alla distribuzione gratuita di software è da un certo punto di vista un ritorno alla «cultura originaria» di Internet, agli anni Ottanta del software gratuito prodotto da studenti universitari e programmatori indipendenti per il semplice gusto di contribuire alla costruzione della grande comunità elettronica virtuale.

Nel frattempo, però, Marc Andressen e collaboratori hanno smesso di essere studenti della University of Illinois e sono a capo di una società quotata in borsa, con migliaia di dipendenti. La concorrenza con colossi come la Microsoft non può essere paragonata alle strategie per ampliare l'utenza di Internet agli inizi degli anni Novanta. Gli esiti di questa strategia appaiono quindi più dubbi e diventeranno comunque chiari solo nei prossimi anni.

Da parte sua, la Microsoft spinge oggi in modo molto ambizioso verso un'integrazione orizzontale tra Internet e il suo parco di applicazioni tradizionali e un'integrazione verticale tra Internet e sistema operativo (su questi temi, si veda il capitolo quarto).

5. *La cultura di rete: le riviste cult, la letteratura «cyberpunk»*

La svolta degli anni Novanta con l'invenzione del web, l'apertura all'utenza commerciale della rete, la grande crescita di utenza sono parallele a una produzione massiccia di discorsi «esterni» alla rete che hanno raggiunto una pluralità di utenti non necessariamente (e spesso per nulla) alfabetizzati sull'uso delle reti: gli studiosi degli effetti delle tecnologie della comunicazione, i narratori della cosiddetta area *cyberpunk*, il mondo dell'informazione e la stampa periodica in generale, la televisione (si pensi al programma RAI *Mediamente* condotto da Carlo Massarini), la stampa di settore, la politica (ad esempio le direttive e ai programmi dell'Unione Europea a partire dal Rapporto Bangemann e alla prima campagna elettorale Clinton-

Gore con l'accento sulle «autostrade dell'informazione») e il diritto (di cui si è detto sopra a proposito del *Communications Decency Act*), tecnologi come Nicholas Negroponte (nome al quale bisognerebbe affiancare quello di uno stuolo di ricercatori del Media Lab), riviste cult come *Wired*, il marketing verso i consumatori delle grandi aziende informatiche.

Questi e altri canali hanno diffuso una pluralità di discorsi, informazioni, aspettative, timori ed esaltazioni circa la portata del fenomeno Internet presso un pubblico estremamente vasto e nemmeno comparabile con le dimensioni dell'utenza Internet nel mondo.

Per molti, gran parte di questi discorsi possono essere ridotti a un fenomeno di vera e propria «moda» culturaltecnologica. Se di moda si tratta (e in parte ciò è senz'altro vero), l'ondata di discorsi su Internet, avvenuta almeno a partire dal 1993, tenderà lentamente ad attenuarsi e i discorsi sulle reti occuperanno spazi sempre più delimitati e vicini al pubblico degli utenti effettivi.

L'ondata dei discorsi su Internet che cominciano a essere prodotti attorno al 1993 tendono quasi naturalmente a presupporre posizioni teoriche del tipo di quelle espresse dalla Scuola di Toronto (la scuola di studiosi della comunicazione iniziata da figure come McLuhan, Innis, Havelock e Ong che hanno enfatizzato il ruolo delle tecnologie comunicative come fattori di cambiamento). La rivista *Wired* ha inserito McLuhan nella lista dei collaboratori, con il ruolo di «santo patrono» del gruppo. Alla curiosità strettamente tecnica per il nuovo mezzo (sebbene la «novità» avesse nel 1993 circa venticinque anni di storia) fanno seguito analisi su Internet come potenziale agente di mutamento in una pluralità di sfere sociali. Ciò determina in modo quasi automatico (ma spesso esplicitamente ammesso) un tono mcluhaniano di fondo in gran parte di tali discorsi.

Questi discorsi avevano un precedente interessante in campo letterario. A partire dal 1984 – nell'epoca della prima diffusione del PC, degli esperimenti di realtà virtuale, di diffusione di strumenti di *authoring* ipertestuale, di sviluppo delle BBS telematiche e del numero di utenti di Internet e di servizi come i newsgroup di USENET – emerge una linea di narratori (prevalentemente americani) che tematizza per la prima volta scenari futuri di una società dominata dalle tecnologie informatiche.

William Gibson e Bruce Sterling sono senz'altro le due figure più significative di questa tendenza letteraria oggi prevalentemente indicata come «cyberpunk». *Neuromancer* (il romanzo di Gibson pubblicato nel 1984 e universalmente riconosciuto come manifesto del cyberpunk), in particolare, ha generato un'immagine letteraria della rete che ancora oggi esercita la sua influenza soprattutto attraverso il cinema (si pensi a *The Net*, *Johnny Mnemonic* ecc.). Il romanzo di Gibson contiene un intero repertorio mitologico ancora oggi continuamente riecheggiante, non solo in campo letterario. Il seguente passaggio, incredibilmente, è tratto da un importante saggio di Conklin del 1987, dedicato ai problemi della lettura ipertestuale:

> Cito un ulteriore libro che potrebbe essere considerato far parte della letteratura sugli ipertesti. *Neuromancer* è un romanzo dedicato a un futuro lontano nel quale l'interfaccia informatica definitiva sarà stata perfezionata: si collegherà semplicemente il nostro cervello alla macchina e si esperiranno i dati informatici come entità percettive. Gli altri computer appariranno come scatole fluttuanti in uno spazio tridimensionale, le password appariranno come porte e lucchetti. L'utente è completamente immerso in un mondo vir-

> tuale, il «sistema operativo», e può muoversi nello spazio e prendere forme diverse a volontà. Questo è il sistema ipertestuale definitivo. L'idea basilare dell'ipertesto, dopo tutto, è che le idee corrispondano agli oggetti percettivi e che si manipolino le idee e le loro relazioni manipolando direttamente finestre e icone [...]. L'ipertesto, dunque, lungi dall'essere fine a se stesso, è solo un primo passo rudimentale verso un tempo nel quale il computer costituirà un'estensione potente e diretta della mente umana (Conklin, 1987; traduzione mia).

Ecco invece due passaggi iniziali del romanzo il cui protagonista, Case, è in procinto di rientrare nel *cyberspazio* o «matrice».

> Era qui da un anno e sognava ancora il cyberspazio, ma la speranza sfumava ogni notte, con tutte le anfetamine che aveva preso, le vie traverse e le scorciatoie che aveva tentato a Night City, e ancora adesso vedeva la matrice durante il sonno, reticoli luminosi di logica dispiegata attraverso quel vuoto incolore [...] Case aveva ventiquattro anni. A ventidue era stato un cowboy, un pirata del software, uno dei più bravi nello Sprawl [...] Aveva operato in un trip quasi permanente di adrenalina, un sottoprodotto della giovinezza e dell'efficienza, collegato a un deck da cyberspazio modificato che proiettava la sua coscienza disincarnata in un'allucinazione consensuale: la matrice. Ladro, aveva lavorato per altri ladri più ricchi, che gli avevano fornito l'insolito software per penetrare le brillanti difese innalzate dalle reti delle multinazionali, per aprirsi un varco in banche-dati pressoché sterminate[1].

È centrale in questo romanzo (come in moltissima letteratura cyberpunk) il rapporto della macchina (del com-

[1] W. Gibson, *Neuromante*, tr. it. di G. Cossato, S. Sandrelli, Editrice Nord, Milano 1993, p. 4.

puter) con il corpo umano i cui improbabilissimi interfacciamenti sono ricercati in una pluralità di modi. Letteralizzando una metafora mcluhaniana, le tecnologie vengono sempre più descritte come protesi materiali del corpo umano. L'immagine del cyberspazio che emerge dai romanzi di Gibson è orientata dal paradigma (e dalla mitologia) della «realtà virtuale» più che da un'analisi della comunicazione di rete (che invece si trova negli scritti di Sterling). Uno studio del modo in cui tale letteratura ha influenzato le immagini più recenti di Internet non è stato ancora realizzato ma è evidente il ruolo di questi scrittori nella produzione cinematografica recente. Di questo cinema (che non intendo qui recensire in alcun modo) va perlomeno notato un aspetto: la radicale mancanza di rapporti con le pratiche sociali effettive che costituiscono il cyberspazio reale. Non sto facendo un appello critico a un maggiore «realismo» del cinema dedicato al mondo delle reti e dei computer, ma mi limito a notarne la mancanza come caratteristica interessante. La sproporzione tra la comunicazione dedicata a Internet e l'utenza effettiva di questa tecnologia ha come complemento la diffusione di immagini cinematografiche radicalmente svincolate dalla realtà. L'effetto che tale cinema produce su chi invece usa effettivamente la rete è di «straniamento»: vi si riconoscono immagini letterarie vecchie di dieci anni e si percepisce un senso di «già visto e sentito» in contrasto con la pretesa «attualità» del tema sfruttata nella promozione pubblicitaria di questo genere di film.

Se narrativa e cinema del cyberspazio hanno un pubblico svincolato dall'alfabetizzazione effettiva sulle tecnologie, tutt'altro target è quello delle riviste cult sul genere di *Wired* o dell'infinità di periodici di settore dedicati alla rete.

Si incorrerebbe in una falsa analogia se si pensasse che la grande diffusione di materiali tecnici e semitecnici su Internet possa essere paragonata alla diffusione «amatoriale» di altre tecnologie nel loro periodo di stato nascente.

Internet è una tecnologia che – almeno per il momento – implica un elevato grado di disseminazione e decentralizzazione (e addirittura autonomia) del controllo tecnico degli strumenti. L'utente, in altri termini, deve avere molte cognizioni tecniche per sfruttare appieno le potenzialità della rete. Ciò richiede evidentemente una grande diffusione di notizie e informazioni tecniche secondo modalità sconosciute ai media gestiti in modo verticale da grandi società pubbliche o private. Anche il mondo della telefonia cellulare, ad esempio, richiede una vasta diffusione di conoscenze tecniche sul territorio e la continua pubblicazione di letteratura tecnica rivolta agli operatori del settore: tuttavia questo circuito comunicativo è del tutto separato rispetto alla più generale opinione pubblica. La caratteristica di Internet è che, almeno per il momento, i suoi amministratori tecnici sono un generico sottoinsieme dell'opinione pubblica e non un gruppo sociale ben determinato e isolabile. Ciò è probabilmente destinato a cambiare, ma, anche volendo considerarla una caratteristica limitata ai primi quarant'anni di storia di questa tecnologia, si tratterebbe comunque di una differenza sostanziale rispetto alla storia di altri media (cfr. Marvin, 1994, pp. 14-18).

In generale, credo si possa affermare che il pubblico generico di Internet presenti una gamma piuttosto ampia di livelli di alfabetizzazione tecnica, con un'alta percentuale di utenti collocati in una fascia di competenza alta che include la capacità di controllo, autoamministrazione e addirittura di produzione autonoma di materiali per la rete. Certo, tutto ciò è strettamente determinato dalla natura tecnica della rete (ad esempio, dalla relativa facilità di HTML) con la sua caratteristica di forte simmetria di competenza tra emittenti e destinatari.

Questa situazione determina fortemente anche il contenuto della cultura di Internet fuori di Internet. A una letteratura e a una stampa chiaramente rivolte agli *absolute beginners* si contrappone una letteratura indirizzata a un pubblico intermedio tra tecnici e mondo consumer, in gran parte composto da professionisti nel settore della comunicazione (ivi incluso il mondo del marketing e della pubblicità).

Questa stampa è rivolta agli utenti della rete e delle nuove tecnologie digitali che hanno bisogno di strumenti di rappresentazione fortemente marcati sui media tradizionali. Il caso di *Wired* è esemplare.

Il mondo di *Wired* è il mondo dei guru o meglio dei «digerati» (*digital literati*), una vasta schiera di personaggi in gran parte pionieri nello sviluppo dell'industria e della cultura del PC, delle reti e dell'informatica in generale durante gli anni Settanta e Ottanta. Si tratta di figure come Bill Gates, John Perry Barlow, Stewart Brand, Steve Case, Brewster Kahle, Bob Stein, Scott McNealy, Esther Dyson e moltissimi altri inclusi nel noto volume di John Brockman.

Il livello di mistificazione che circonda l'autodefinizione di questo gruppo è del tutto palese leggendo la presentazione che ne offre Brockman nell'introduzione al suo libro:

> I «digerati» in questo libro sono *una* cyber élite, e non è mia intenzione definirli come *la* cyber élite. Sono, credo, rappresentativi di un gruppo assai più grande di cyber élite,

e come gruppo costituiscono una massa critica di pensatori, di coloro che «fanno le cose» e degli scrittori, collegati tra loro in maniere delle quali neppure si rendono conto, con un'enorme influenza sulla rivoluzione nelle comunicazioni che circonda la crescita di Internet e del World Wide Web. Nonostante siano tutti americani, le loro attività hanno un impatto mondiale. [...] Le élite fanno accadere le cose, spingono le culture, le civiltà. Normalmente sono gruppi di persone molto capaci nelle loro attività, sono entrati in una meritocrazia assieme ad altri come loro e si costringono a vicenda a diventare i migliori. [...] I digerati evangelizzano, collegano le persone, si adattano rapidamente. Amano parlare con i loro pari perché ciò li costringe a spingersi al massimo della propria forma e a spiegare le loro idee più nuove e interessanti. Si danno a vicenda il permesso di essere grandi. Vogliono parlare delle cose che li eccitano solo tra di loro: perché vogliono vedere se stanno in piedi [...] Una caratteristica comune è l'autorità personale, un'autorità che, nella stragrande maggioranza dei casi, non deriva da affiliazioni istituzionali. [...] C'è una considerazione di fondo che li rende un'élite: sono a capo di alcune delle più importanti evoluzioni del nostro tempo e hanno un'influenza enorme. [...] Molte delle persone più brillanti negli ultimi anni sono finite nell'informatica [...] La cresta dell'onda sta nell'esplorazione delle nuove comunicazioni, come il World Wide Web, attraverso l'impiego del computer. [...] Dai digerati emergono nuove idee sul modo in cui gli esseri umani comunicano tra loro. Dato che la comunicazione costituisce la base della civiltà, questo non è un libro sui computer, sulla tecnologia, sull'universo digitale: è un libro sulla nostra cultura e su noi stessi. Sono gli individui che presentano queste nuove idee e immagini – i digerati del libro (come gli altri) – che stanno guidando questa rivoluzione. [...] Questo è un libro su un gruppo di persone che sta reinventando la cultura e la civiltà. [...] Non si trovano *alla* frontiera, *sono* la frontiera (Brockman, 1996, tr. it., pp. 19-21).

Questa lunga citazione mostra una sequenza notevole di luoghi comuni, di esagerazioni e di vere e proprie fandonie relativamente alle scienze dell'informazione e alla cosiddetta «rivoluzione digitale». L'insistenza ossessiva sull'élite chiusa che «evangelizza» il mondo; sugli individui dotati di grande autorità e carisma; sul potere di trasformazione nelle mani di poche persone che «vogliono parlare delle cose che li eccitano solo tra di loro», solo tra pari; sui digerati come avanguardia rivoluzionaria che reinventa «la cultura e la civiltà»: questi e moltissimi altri luoghi comuni caratterizzano l'immagine dei digerati offerta da Brockman. A parte le ovvie banalità e mistificazioni, tengo a sottolineare la paradossale estraneità di queste immagini alla cultura «tradizionale» dell'Internet degli anni Settanta e Ottanta: niente come l'immagine di un'élite rivoluzionaria assomiglia meno agli operatori effettivi – prevalentemente in ambito accademico – che hanno permesso un aumento di mille volte nel numero degli host connessi dall'inizio alla fine degli anni Ottanta.

Il mito dei digerati-pionieri è un mito costruito a favore del nuovo pubblico di Internet emerso negli anni Novanta, una scorciatoia mediologica per avvicinare un nuovo pubblico a contenuti ormai in discussione da decenni.

La rivista *Wired* (fondata da Louis Rossetto e Jane Metcalfe con il contributo di Nicholas Negroponte che vi cura una rubrica fissa) ha iniziato le sue pubblicazioni nel 1993 e ha sin da allora ospitato interventi delle (o sulle) figure principali di commentatori (principalmente americani) della nuova cultura che evolve assieme a Internet: Bruce Sterling, Camille Paglia, Stewart Brand, Jarone Lanier, Peter Drucker, Mitchell Kapor, Peter Gabriel, William Gibson, George Gilder, Michael Crichton, Stephen Levy, John Perry Barlow, Laurie Anderson, Kevin Kelly,

Paul Allen, Douglas Coupland, Newt Gingrich, Sherry Turkle, Alvin Toffler ecc.

Questa lista di nomi corrisponde perfettamente alle intenzioni dichiarate dall'editor Louis Rossetto sin dal primo numero:

> *Wired* è dedicata alla gente più potente del pianeta al giorno d'oggi – la Generazione Digitale. Si tratta delle persone che non solo previdero che la convergenza di computer, telecomunicazioni e media avrebbe cambiato la vita al termine del millennio ma che di fatto stanno realizzando la trasformazione stessa (*Wired*, 1.01, 1993; traduzione mia).

Su *Wired* Internet è considerata il centro della «rivoluzione digitale» che stiamo vivendo. I seguenti passaggi di Negroponte (dal suo *Essere digitali*) potrebbero – assieme a un paio di citazioni di McLuhan – fare da esergo continuo alla rivista.

> Propulsore del cambiamento sarà Internet, sia in senso pratico che come modello teorico o metafora. Internet è interessante non solo perché è una rete di grandi dimensioni, che abbraccia l'intero pianeta, ma anche perché costituisce un esempio di qualcosa che è andato evolvendo senza che ci fosse apparentemente un responsabile del progetto, mantenendo la sua forma come avviene in uno stormo di anatre. Anche se non c'è un capo, il sistema si accresce e funziona egregiamente, almeno per il momento. [...] L'uso di Internet diventerà la norma nella vita di ogni giorno, e la crescita dei suoi utenti rispecchierà quella della popolazione del mondo. Come hanno dimostrato Minitel in Francia e Prodigy negli Stati Uniti, la posta elettronica è la maggiore tra le applicazioni delle reti. Il vero valore di una rete riguarda meno l'informazione e più la socializzazione. La superautostrada dell'informazione è più che una scorciatoia

> per arrivare a ogni libro della biblioteca del Congresso. Essa sta creando un tessuto sociale assolutamente nuovo, a livello planetario (Negroponte, 1995, pp. 188-190).

Wired viene fondata lo stesso anno in cui esplode il fenomeno Internet dopo la prima release di Mosaic per il WWW (di cui tuttavia dà conto solo nel numero 2.01 del gennaio 1994). Il grande successo del web (cui la stampa americana dedica largo spazio nel 1994) trova in *Wired* un amplificatore notevole. Il web riformato attraverso i browser grafici è indicato dalla rivista come la «seconda rivoluzione» di Internet. L'antagonismo tra l'azienda fondata da Jim Clark e Marc Andressen (la Mosaic Corporation poi divenuta Netscape Corporation) e la Microsoft di Bill Gates viene enfatizzato enormemente.

Il lancio di Windows '95 e la precedente campagna pubblicitaria della IBM sul nuovo sistema operativo OS2/Warp puntano decisamente verso Internet. Nelle case di milioni di persone in ogni parte del mondo si assiste a un riposizionamento radicale dell'idea di PC: viaggio, navigazione e connessioni remote diventano i concetti chiave per descrivere i vantaggi della migrazione ai nuovi sistemi (si pensi al «Where do you want to go today?» della campagna per Windows '95).

Un grande motore della popolarizzazione di Internet è costituito non solo dai reportage dei media su Internet ma anche dagli *usi* che i media tradizionali fanno di Internet segnalandone gli esiti ai propri lettori, spettatori, telespettatori, ascoltatori. Stampa, televisione, radio e cinema hanno tentato negli ultimi due anni un'integrazione di Internet e del web in particolare nel circuito di comunicazione con i propri pubblici specifici. In Italia, ad esempio, tutte le maggiori emittenti televisive (RAI, Mediaset, Gruppo Cecchi Gori, Telepiù) e un numero significativo di testate giornalistiche quotidiane e periodiche (*Sole 24 Ore, Panorama, L'Unità, la Repubblica* ecc.) offrono oggi servizi on line di vario genere ancorandoli in diversi modi alla comunicazione sui canali tradizionali.

Se si considera la situazione italiana con i relativi numeri circa la diffusione di Internet, è evidente che questi tentativi compiuti dai media tradizionali creano una forbice nel pubblico tra utenti e non utenti della rete. Ci si potrebbe interrogare su quale sia l'immagine di Internet per quella stragrande maggioranza di destinatari sottoposti quotidianamente a sollecitazioni sull'argomento (dall'indirizzo di posta elettronica in sovrimpressione in televisione alla rubrica Internet di *Panorama*, dell'*Espresso* o del *Venerdì* di *Repubblica*).

Qualunque siano gli esiti dello scenario attuale è evidente che Internet *usata* dai media tradizionali non permette un parallelo storico (poniamo) con la televisione *raccontata* dalla radio o con la radio *raccontata* dalla stampa. Per la prima volta nella storia dei media un'innovazione tecnologica evolve anche attraverso l'integrazione orizzontale da parte dei media tradizionali e non in competizione con essi (su questo tema, si veda il capitolo quinto, § 1).

È probabile che il senso complessivo che l'«analfabeta» informatico ricava dalla rappresentazione di Internet a opera dei media tradizionali sia quello di un'estrema pervasività, di una molteplicità di contenuti e tipologie di servizi radicalmente diversi tra loro cui è difficile dare unità.

L'immagine attuale di Internet «fuori di Internet» giocherà un ruolo cruciale nei prossimi anni per decidere il destino di questa tecnologia come mezzo di comunicazione. Da essa dipende (almeno in parte) la sua capacità futura di diffusione e la possibilità di raggiungere una «massa critica» di utenti che ne stabilizzi socialmente l'uso. Le aziende, la pubblica amministrazione, le istituzioni educative, il grande pubblico dell'*entertainment* costituiscono altrettante direzioni di diffusione sociale del mezzo oggi (almeno in Europa e soprattutto in Italia) solo potenziali.

Per i guru, i narratori e gli uomini marketing delle grandi aziende del settore, lo sviluppo non potrà che essere totalmente trasversale e capillare in ognuno di tali settori. Per lo studioso dei media questo genere di «ottimismo» deve essere sostituito da atteggiamenti più cauti. La storia dei media ha mostrato più volte l'infondatezza di ogni visione dell'innovazione tecnologica come processo di «sostituzione» e «rimpiazzamento» radicale.

Cronologia 4

1984	W. Gibson, *Neuromancer*
1985	R. Kadrey, *Schiacciafuoco*
1986	B. Sterling, *Mirrorshades*
1989	P. Cadigan, *Synners*
1991	T. Maddox, *Halo*
1993	B. Sterling, *The Hacker Crackdown. Law and Disorder on the Electronic Frontier* P. Di Filippo, *Streetlife*
1994	B. Sterling, *Islands in the Net*

6. Il mercato italiano di Internet

Agli inizi degli anni Novanta Internet aveva raggiunto un tasso di diffusione notevole nel mondo universitario italiano, specie nell'area «centrale» della rete GARR. La rete dell'Università di Bologna (ALMANet), ad esempio, rendeva già disponibile nel 1992 (per professori e ricercatori provvisti di accesso alla rete) il catalogo unificato dei titoli di tutte le biblioteche universitarie che permetteva agli utenti di interrogare il sistema delle biblioteche bolognesi come una totalità con divisioni logistiche interne. Nella città di Bologna, come dirò più avanti, si sarebbero realizzate negli anni successivi alcune delle iniziative telematiche più innovative e di impatto sul territorio nazionale della prima metà degli anni Ottanta.

In termini di host connessi in Italia si passò dai circa 650 del novembre 1990 ai circa 45.000 del giugno 1995. Attualmente (dati RIPE, 5 marzo 1999) il numero di host è di 491.940 per una popolazione complessiva di utenti stimata attorno ai 3 milioni (EITO, 1998). In pratica, il 3,5% della popolazione italiana adulta usa in qualche modo Internet.

Il lettore può utilmente confrontare questo dato con le statistiche relative al possesso di PC nelle famiglie italiane (si veda tabella 3): nel 1997 il 13% delle famiglie italiane (cioè circa 2,5 milioni di famiglie) possedeva un PC con una percentuale del 29% di PC multimediali (EITO, 1998), ovvero computer più recenti dotati di lettore CD ROM, scheda audio e casse acustiche. Ciò significa, in termini di utenza individuale, circa 7 milioni di utilizzatori del PC a casa (Alchera Strategic Vision). Nel 1998 le famiglie italiane con un accesso a Internet hanno raggiunto le 447.000 unità (EITO, 1998).

La notevole crescita quantitativa di Internet in Italia ha origine, come in tutti gli altri Paesi europei e negli Stati Uniti, dall'emergenza di fornitori di connettività rivolti al mercato aziendale e consumer. I primi provider italiani cominciano a operare attorno al 1995.

Tabella 3 – Percentuale di famiglie che possiedono un PC (1997)

Paesi	(%)
Francia	19
Germania	21
Italia	13
Spagna	11
Regno Unito	23
Europa Occidentale	19
Stati Uniti	37
Giappone	26

Fonte: EITO, 1998.

Fino al 1994 l'unico fornitore di accessi internet per le aziende era Iunet (di cui si è detto nel capitolo secondo). La larghezza di banda tipica degli accessi variò dai 1200 bps medi del 1990 ai 9600 bps del 1993. Nel 1993 le aziende italiane collegate erano circa 300.

Nella seconda metà del 1994 emerse il primo gruppo degli Internet provider italiani. Tra questi possiamo citare DsNet e Nettuno (la cui base tecnologica era offerta dal CINECA di Bologna, un centro di calcolo universitario), Telnet, Agorà Telematica, MCLink, Iunet, ITnet.

Video On Line e Italia Online, i primi «grandi» network privati orientati all'utenza domestica, iniziarono entrambi a operare nel 1995.

L'esperienza di Video On Line (VOL) ha rappresentato l'esperimento imprenditoriale più interessante e spregiudicato della prima metà degli anni Novanta nel settore dei new media. L'iniziativa è di Niki Grauso, imprenditore ed editore sardo proprietario della televisione locale Videolina, del quotidiano *L'Unione Sarda*, di una radio locale e sfortunato investitore nel sistema dei media polacco (Grauso aveva acquistato un quotidiano di Varsavia e lanciato il network televisivo *Polonia Uno*). In principio Grauso si avvalse della consulenza di ricercatori provienienti dal CRS4, il più importante centro di ricerca informatico sardo (presieduto dal Nobel Carlo Rubbia). Il primo esperimento del nuovo servizio fu la distribuzione di un'edizione on line de *L'Unione Sarda* che per quel tempo rappresentava un'iniziativa davvero pionieristica in Italia.

VOL iniziò la sua campagna promozionale sulla stampa sin dall'estate del 1994 e cominciò a vendere accessi nel gennaio 1995. Dopo un anno di strategie promozionali e pubblicitarie molto aggressive (distribuzione di dischetti per accessi gratuiti promozionali attraverso la rivista *Panorama*, attivazione di numeri verdi per l'accesso gratuito, un *world tour* in trenta Paesi con testimonial popolari come Luca Barbareschi ecc.), nel gennaio 1996 risultavano investiti 10 milioni di dollari ed erano stati aperti 80 punti di accesso in tutta Italia (gestiti in *outsourcing* da Telecom Italia). Pochi mesi dopo, tuttavia, le perdite economiche del servizio costringevano Grauso a trattare per la cessione di VOL. Il 26 giugno 1996 le attività Internet del gruppo Grauso passarono a Telecom Italia. Dal punto di vista dei servizi offerti, la strategia chiave di VOL è stata quella di puntare tutto sull'ambiente web.

Completamente diversa la storia di Italia Online (IOL), una joint venture tra Olivetti Telemedia (66%) e *Il Sole 24 Ore* (22%) promossa da Sergio Mello Grand, che aveva in mente la riproduzione in Italia dell'esperienza di

America Online. Sembra che originariamente il progetto non includesse l'offerta di servizi Internet (esattamente come accadeva ad AOL che aveva incluso Internet tra i suoi obiettivi strategici solo nel 1994) e che ciò abbia motivato un ritardo negli inizi del servizio sino al marzo 1995. Nel marzo 1996 IOL dichiarava comunque di aver raggiunto la quota di 50.000 utenti (80.000 nel 1998).

Telecom Italia entra in gioco nel 1996 con il servizio Telecom On Line (TOL). Dopo l'acquisizione di VOL dal gruppo Grauso, TOL venne offerto come servizio specifico per accessi ISDN. In seguito entrambi i servizi furono unificati in Telecom Italia Network (TIN). Il servizio Interbusiness costituisce invece il ramo aziendale dei servizi Internet di Telecom.

Un ruolo importante è stato svolto in Italia dall'entrata in gioco di grandi *carriers* internazionali, avvenuta tra il 1994 e il 1995: gruppi come Unisource (un consorzio di varie telecom europee) o Sprint (la società telefonica americana) hanno costituito i principali fornitori di connettività per la rete commerciale italiana nei suoi primi anni di attività, offrendo accesso alla rete internazionale a prezzi competitivi. I carrier internazionali sono in qualche modo i provider di connettività internazionale dei provider nazionali.

Completamente differente il modello di business di piccole società come DsNet (della DS Logics di Bologna). Nato nel 1994, il servizio parte con un collegamento a 64 kb con Unisource, DsNet inizia rivendendo connettività ad altri piccoli provider (Point of Presence, POP) di Modena, Reggio Emilia, Parma, Piacenza, La Spezia, Arezzo, Firenze, Varese, Ancona, Pesaro, Bari, Napoli e altre città. In seguito, nel luglio 1995, DsNet e i singoli POP si fondono nel consorzio Italia.Com all'interno del quale DsNet assicura l'amministrazione della rete nazionale dei POP e dei collegamenti internazionali. Attualmente DsNet si caratterizza soprattutto come ISP orientato all'utenza professionale con circa cinquecento aziende servite sul territorio bolognese. Nonostante le piccole dimensioni, questo genere di ISP sembra poter reggere bene la concorrenza dei grandi colossi delle telecomunicazioni per la capacità di offrire una vasta gamma di servizi fortemente personalizzati al mercato aziendale.

Un ruolo importante nella diffusione di Internet è stato svolto dalle reti civiche dei comuni italiani. L'esperienza pionieristica del servizio Iperbole a Bologna costituisce ancora oggi la punta avanzata del fenomeno. Con il servizio Iperbole (nato da un progetto finanziato dall'Unione Europea), il Comune di Bologna ha inaugurato un'offerta autonoma di servizi telematici ai cittadini di Bologna. Il progetto si è evoluto in tre fasi. Originariamente veniva offerto un accesso gratuito ai servizi di e-mail e newsgroup su Internet e l'accesso web al solo server del Comune di Bologna; in seguito il servizio è stato esteso sino a diventare un accesso «Full Internet» (sempre gratuito). Nel 1997 (con circa 15.000 utenti registrati) il servizio Iperbole comincia a essere fornito a pagamento, sebbene il costo di un abbonamento sia sensibilmente inferiore alle normali tariffe di mercato. Il ruolo di un'amministrazione locale nell'offerta di servizi telematici è stato criticato da alcuni come attività impropria per un ente pubblico o addirittura come turbativa del mercato dei piccoli provider locali. Credo che queste critiche fossero estremamente contingenti e che complessivamente il ruolo di servizi come Iperbole abbia contribuito ad aumentare piuttosto che diminuire la dimensione del mercato di Internet. D'altra parte è proprio l'«audience» ottenuta dal Comune di Bologna attraverso Iperbole che le consente oggi di sperimentare un'offerta di servizi amministrativi distribuiti per via telematica ai cittadini (tra le molte sperimentazioni in corso a Bologna, si può citare DALI, un sistema di distribuzione di documenti amministrativi per gruppi professionali come ingegneri, architetti, geometri, periti edili, commercialisti).

Tra il 1994 e il 1996 i ricavi degli operatori sono cresciuti da 9 a 60 miliardi (fonte IEM), cifre molto limitate ma in rapida crescita negli ultimi anni. È invece ancora molto incerto (anche in prospettiva) l'andamento del mercato editoriale su Internet, cioè l'offerta commerciale di contenuti via web. I sistemi di remunerazione dell'offerta di contenuti sul web sono ancora in gran parte indefiniti. Uno studio recentemente promosso dall'Associazione Nazionale dell'Editoria Elettronica (ANEE), dedicato all'offerta di contenuti sul web in Italia, indica che gran parte dei servizi editoriali sul web non prevedono alcun sistema di remunerazione. Una minima quota di servizi richiede qualche forma di iscrizione da parte dell'utente e solo in minima parte a pagamento. L'offerta di contenuti sul web segue ancora oggi il modello della «gratuità» affermatosi su Internet tra gli anni Settanta e Ottanta.

CAPITOLO QUARTO

«Il computer è la rete»: in che modo Internet cambia il PC (e gli altri media)

Una domanda cruciale relativamente all'evoluzione futura di Internet è la seguente: quanto è legata la dinamica della comunicazione di rete all'uso del computer? Possiamo immaginare un'evoluzione di Internet indipendente dal computer? Nel capitolo quinto vedremo in che modo Internet utilizza ed è utilizzata dagli altri media della comunicazione.

In questo capitolo cercherò invece di individuare le direzioni di sviluppo che stanno percorrendo i grandi operatori del settore per trasformare Internet in qualcosa di nuovo rispetto a quanto visto sinora. Questi scenari mettono in gioco la nostra concezione attuale dei programmi software, delle applicazioni oggi disponibili per il PC e in particolare degli strumenti principali per la navigazione su Internet: i browser grafici come Netscape Navigator o Internet Explorer. Mettono in gioco la nostra concezione dei sistemi operativi, vale a dire di quel tipo di software (Windows, Macintosh OS ecc.) che ci permette di «dialogare» con il microprocessore della macchina attraverso un'interfaccia grafica amichevole e «dentro» al quale girano le altre applicazioni. Mettono in gioco infine proprio il rapporto tra Internet e il computer, mostrando possibilità alternative di accesso alla rete.

Gli scenari sui quali mi concentro sono essenzialmente quattro e tutti in qualche modo fanno perno sul web come ambiente di riferimento.

1. Le applicazioni integrano le funzioni del browser: è il caso di quelle applicazioni desktop che, attraverso specifici *add on*, possono trasformarsi in browser per il web (ad esempio Microsoft Word).

2. Il browser integra le applicazioni: in questa direzione vanno tutti i *plugin* che permettono di visualizzare tipi di documenti (precedentemente accessibili solo da applicazioni desktop) via browser. I plugin sono programmi add on che aggiungono funzionalità al browser.

3. Il sistema operativo integra le funzioni del browser: in questa direzione sembra andare la Microsoft che ha almeno in parte sostituito la metafora del desktop di Windows con la metafora del browser di rete (Windows '98).

4. Tentativi di svincolare radicalmente il web dal PC: è il caso della webTV.

Non necessariamente tutte queste direzioni di sviluppo si affermeranno sul mercato nel prossimo futuro, ma questa analisi mostrerà almeno come gli operatori del settore si stiano muovendo con rigore quasi «combinatorio» nell'esplorare nuove possibilità di sviluppo della comunicazione di rete.

1. Le applicazioni integrano il web

Questa prima linea di tendenza può essere descritta come integrazione all'interno dei programmi più diffusi di funzionalità tipiche dei programmi di rete. Insomma, i tradizionali programmi cominciano a parlare il linguaggio di Internet.

Sono quattro le principali applicazioni informatiche, spesso vendute in pacchetti d'insieme, usate dagli utenti del PC: programmi di elaborazione di testi (word processor); programmi per la costruzione di banche dati (database); fogli di calcolo (spreadsheet); strumenti di presentazione dei dati. Microsoft Office, Lotus SmartSuite e Corel Office sono le tre principali marche di prodotti di questo genere con una nettissima prevalenza di mercato del pacchetto Microsoft (sul quale per questo mi concentro qui di seguito).

La strategia della Microsoft a partire dalla versione '97 di Office è stata quella di includere in ognuno dei componenti del pacchetto alcuni strumenti mirati, direttamente o indirettamente, alla comunicazione su Internet. Word '97, ad esempio, il programma di scrittura più usato dagli utenti del PC, è un completo editor HTML «trasparente», cioè uno strumento che permette di costruire pagine web senza conoscere il linguaggio HTML. In precedenza, Internet Assistant per Word trasformava il programma di scrittura in un vero e proprio browser permettendo di accedere al web direttamente dall'interno del programma di scrittura. In seguito questa funzionalità è stata soppressa per non creare sovrapposizioni con il browser vero e proprio della Microsoft, Internet Explorer. A prescindere dalla traduzione in HTML, i documenti Word possono contenere link ipertestuali a documenti web, cioè parole attive che aprono automaticamente un browser e si collegano alla pagina desiderata.

Strumenti simili sono disponibili per gli altri programmi contenuti nel pacchetto di Microsoft Office: Excel (il foglio di calcolo), Access (il programma di database) e PowerPoint (lo strumento per creare presentazioni). Nel caso di PowerPoint, ad esempio, una sequenza di «diapositive» (quindi non solo pagine singole come nel caso di Word) può essere convertita in formato web: il programma si occupa da solo di costruire gli strumenti di navigazione da una diapositiva all'altra e di creare una pagina iniziale di informazione.

In estrema sintesi, i programmi Microsoft considerano ormai il formato HTML come uno dei formati standard nei quali l'utente può desiderare di convertire i propri documenti, a partire da pressoché qualunque applicazione.

Il collegamento tra programmi e Internet non riguarda solamente il software di base. Anche i CD ROM multimediali tendono sempre più a integrare elementi di connessione con la rete. L'esempio più noto è senz'altro quello dell'enciclopedia *Encarta* della Microsoft che nella versione '98 permette un aggiornamento periodico via Internet dei propri materiali. In Italia, l'*Enciclopedia Rizzoli* su CD ROM permette funzionalità simili. Sebbene si tratti di una connessione foriera di sviluppi interessantissimi, l'editoria multimediale stenta ancora a investire massicciamente in questa direzione (probabilmente a causa dei costi di costruzione e mantenimento di un sito on line di riferimento, costi sostenibili solo per prodotti a grande diffusione).

D'altra parte questo genere di integrazione è oggi tecnologicamente piuttosto semplice. Programmi di sviluppo multimediali a grandissima diffusione – come ad esempio Macromedia Director – includono oggi strumenti per la programmazione di CD ROM connessi alla rete.

L'integrazione di funzionalità di rete all'interno del software di base e dei prodotti dell'editoria multimediale significa stabilizzare il modello del PC come contenitore che racchiude tutti gli strumenti software dell'utente il quale si rivolge alla rete esterna per cercare nuovi dati da elaborare con le applicazioni che ha a disposizione. L'opposizione è quella tra software e dati o contenuti: il software risiede sul singolo computer (e come singola copia del programma va quindi pagata al suo produttore), mentre i dati possono indifferentemente trovarsi in un punto qualsiasi della rete (locale o Internet) cui è eventualmente collegato l'utente.

2. *Il web integra le applicazioni*

Una tendenza esattamente inversa a quella descritta nel paragrafo precedente ha cominciato a emergere chiaramente a partire dal 1995. Sino a quel momento i documenti web in senso stretto, cioè quelli codificati in HTML, erano sostanzialmente costituiti di testo (formattato) e immagini. L'ipertesto web era dunque un ipertesto di soli testi e immagini. In quell'anno furono diffuse una serie di tecnologie che hanno rapidamente modificato la struttura del web. Alcune di queste tecnologie (Java, JavaScript, Vbscript, ActiveX, i plugin ecc.) sono state enormemente pubblicizzate, altre sono probabilmente sconosciute per la grande maggioranza degli utenti Internet. L'obiettivo che sottende questo insieme di innovazioni è molto semplice: si tratta di inserire applicazioni, programmi ed elementi multimediali *all'interno* della pagina web. Si tratta, in altri termini, di trasformare il web da semplice ipertesto di testi e immagini in ipertesto di testi-elementi multimediali-applicazioni.

Cosa questo significhi può essere compreso facilmente attraverso i due esempi più importanti: Java e i plugin.

Java è un linguaggio di programmazione elaborato dalla Sun Microsystems (società che produce principalmente server e workstation professionali e sistemi operativi di tipo UNIX) il cui attuale CEO, Scott McNealy, è l'inventore della frase «Il computer è la rete» che fa da titolo al presente capitolo. Java è pensato come un linguaggio di programmazione assolutamente universale per costruire programmi in grado di girare su qualunque tipo di computer e sistema operativo, a patto che questo sia dotato di una sorta di «interprete» del linguaggio stesso (la cosiddetta Java Virtual Machine). Tra le prime applicazioni commerciali di questo linguaggio di programmazione, c'è stato appunto l'adattamento all'ambiente web: se il browser è in grado di interpretare Java, allora le pagine web potranno contenere piccole applicazioni (*applet*) codificate in questo linguaggio.

Da quando Java ha cominciato a diffondersi, gli esempi di programmi *incorporati* nella pagina web sono divenuti sempre più ricchi e complessi. Ad esempio, una pagina web oggi può incorporare: un applet Java, che contiene un ambiente di giochi multiutente dove l'utente può incontrare partner da sfidare a scacchi, l'ambiente stesso di gioco e un sistema per chiacchierare on line con il partner durante la partita (il servizio è offerto da *Playsite* all'indirizzo http://www.playsite.com). Poiché Java costituisce un linguaggio di programmazione completo e inoltre molto simile al linguaggio C++ (estremamente diffuso tra i programmatori), è possibile affermare che qualunque tipo di software, in linea di principio, potrà essere tradotto o realizzato direttamente in Java e distribuito attraverso una pagina web. L'obiettivo a lungo termine di aziende come la Sun è quello di intaccare il monopolio della Microsoft sostituendo gli applicativi *stand alone* per il singolo PC con suite di programmi distribuiti in rete. La Corel, ad esempio, ha realizzato una versione Java di Corel Office (il prodotto direttamente in concorrenza con Microsoft Office, come si è detto) che può essere distribuita via Internet.

Un altro sistema per includere applicazioni all'interno di pagine web è quello dei plugin. Questo sistema, al contrario di Java, non mira a sostituire il software di base per PC ma ad aumentare la tipologia di documenti che un browser web è in grado di visualizzare. I plugin sono infatti programmi che rendono un browser web capace di leggere e visualizzare un certo tipo di documenti. Il plugin di Microsoft Word, ad esempio, permette al browser di leggere documenti Word, il che consente di distribuire in rete documenti Word che possono essere visualizzati direttamente all'interno del browser (e non prima scaricati e poi visualizzati con il programma Word standard).

3. Il sistema operativo integra il web

La terza linea di tendenza è senz'altro quella più complessa e interessante, ed è perseguita in modo sistematico dalla Microsoft. Il tentativo a lungo termine della Microsoft è quello di sostituire la metafora del desktop che ha dominato le interfacce grafiche dei sistemi operativi a partire dalla metà degli anni Ottanta con quella del browser web o, in altri termini, di trasformare il sistema operativo stesso dei PC in un browser web.

La Microsoft ha sperimentato questa strategia con la release 4.0 del suo browser web, Internet Explorer. Una volta installato, il programma apportava modifiche sostanziali al sistema operativo. In particolare, il sistema per accedere ai file del computer (detto «Gestione Risorse» nella versione italiana di Windows '95) viene visualizzato come un browser web: i file residenti sul PC diventano un «caso particolare» dei file presenti sulla rete (l'intranet di un'azienda o la rete Internet globale). Questo tentativo è stato realizzato in modo ancora più radicale con Windows '98, l'ultima release del più venduto sistema operativo della Microsoft. Windows '98 generalizza in modo sistematico la metafora del browser rendendo possibile da qualunque punto del sistema operativo l'accesso a risorse Internet.

Una simile impostazione del sistema operativo impone il legame tra questo e il browser web della Microsoft; in termini di marketing impone il *bundling* di Internet Explorer con Windows '98. La strategia della Microsoft ha sollevato un vero e proprio vespaio legale negli Stati Uniti dove si è sostenuto che l'accoppiamento di browser e sistema operativo configurerebbe un vantaggio competitivo illecito da parte della Microsoft su altri produttori di browser web come la Netscape, che non possono evidentemente contare sull'enorme massa di utilizzatori del sistema operativo Windows come base per la promozione del proprio prodotto. Nel maggio 1998 avvocati di venti Stati e il Distretto di Columbia avevano preso le parti della causa antitrust sollevata dal Dipartimento di Giustizia e coordinata da Janet Reno.

Nonostante le apparenze e nonostante l'ovvio vantaggio competitivo della Microsoft sugli altri produttori di browser, la causa intentata dal Dipartimento di Giustizia non permette facili prese di posizione. È evidente infatti che nella strategia della Microsoft è in gioco non solo la battaglia contingente con l'oppositore sul mercato dei browser ma un'intera rivisitazione del rapporto tra PC e mondo delle reti, rivisitazione che costituisce una vera e propria innovazione nella storia dei sistemi operativi. Ciò ovviamente non significa che si tratti di un'innovazione necessariamente positiva: questo costituirà materia di discussione nei prossimi anni. Tuttavia è molto difficile decidere tra una strategia di innovazione a lungo termine e un procedimento antitrust legato a vicende di mercato contingenti.

4. Il web «emigra» dal PC: la webTV e il «network computer»

La quarta e ultima linea di tendenza analizzata riguarda la questione generale circa il legame tra Internet e il computer. La questione è cruciale anche dal punto di vista dell'estensione sociale dell'uso di Internet (tema al quale dedico il § 4 del capitolo quinto): se infatti si assume che Internet è un mezzo di comunicazione strutturalmente legato al computer non ci resta che presumere che la crescita dell'utenza è necessariamente ancorata ai tassi di utilizzo del computer (ancora molto limitati). Ho già presentato questo problema discutendo il caso del Minitel.

L'esperimento più radicale per separare (o per rendere indipendente) la consultazione del web dal computer è quello compiuto dalla società americana WebTV Networks fondata nel 1995 a Palo Alto in California. La società è stata acquisita nel 1997 dalla Microsoft per 425 milioni di dollari. Il sistema webTV è estremamente semplice: si tratta di un dispositivo da collegare al televisore e a una linea telefonica, che permette all'utente di passare dalla visione dei normali canali televisivi al web. Uno speciale telecomando consente una navigazione ipertestuale dei documenti web, mentre i comandi possono essere inviati mediante una tastiera.

Il dispositivo è dotato di un modem attraverso il quale ci si mette in connessione telefonica con un Internet provider. Il sistema – che al momento viene commercializzato solo negli Stati Uniti – include un abbonamento a Internet e una serie di servizi informativi. Il dispositivo dispone inoltre di circa un gigabyte di memoria per l'archiviazione di file reperiti in rete.

Sebbene attualmente il sistema consenta accessi a Internet a larghezza di banda limitata, il piano della Microsoft è quello di permettere accessi a larga banda attraverso tecnologie come ADSL (un sistema per trasmettere dati a larga banda su doppini telefonici in rame tradizionali, che nel 1998 ha cominciato a essere commercializzato da buona parte delle grandi compagnie telefoniche americane) o attraverso accessi satellitari.

La posta in gioco di un simile tentativo (convertire a Internet una fetta del pubblico televisivo non dotato di PC, cioè il 65% delle famiglie americane) è evidente sebbene rimanga dubbia la possibilità di fondere facilmente mezzi di comunicazione apparentemente così diversi. Il pubblico della televisione ha oggi esperienza di forme di «trasmissione dati» attraverso il televisore solo tramite sistemi limitati e unidirezionali come l'italiano Televideo. Certo, la webTV costituirebbe una variante interattiva e multimediale rispetto a sistemi simili. D'altro canto la televisione è un medium connesso a pratiche d'uso particolari (tra cui, ad esempio, una certa distanza di visione dal monitor) che non sembrano compatibili con Internet.

Una strategia radicalmente diversa – che non comporta la sostituzione del computer con altro mezzo per l'accesso a Internet, ma una sua netta semplificazione e un notevole abbassamento di costi – è quella messa a punto da aziende come Oracle e Sun per la diffusione del concetto di *network computer*. In sintesi, il network computer è un computer a basso costo (la promozione iniziale puntava a una cifra attorno ai 500 dollari), privo di memoria locale, la cui unica capacità è quella di connettersi alla rete per scaricare dati e programmi.

Un'azienda, ad esempio, potrebbe concentrare tutte le applicazioni su un server centrale dal quale i singoli network computer potrebbero scaricarle di volta in volta a seconda delle necessità. In linea di principio, un sistema singolo potrebbe funzionare anche per l'utente privato che noleggia sulla rete le applicazioni di cui ha bisogno (magari con tariffe a tempo). È in vista di uno schema di distribuzione di uno dei due tipi che la Corel (come ho accennato prima) ha realizzato una versione Java dei suoi programmi di scrittura, database, foglio di calcolo e software di presentazione. I vantaggi di un simile schema di distribuzione del software, tanto per la rete aziendale quanto per l'utente privato connesso a Internet, consisterebbero nel contenimento dei costi/tempi di amministrazione e manutenzione del computer: l'utente può evitare di preoccuparsi, ad esempio, dell'installazione e dell'aggiornamento dei programmi.

La commercializzazione del network computer sarà un esperimento interessante per verificare:

a) quanto l'uso di Internet come mezzo di comunicazione sia connesso ai «costumi» consolidati in più di quindici anni di sviluppo del PC; e di converso

b) quanti nuovi utenti (non legati all'uso precedente del PC) siano interessati all'uso di strumenti telematici del tipo offerto su Internet.

Le chance di affermazione del network computer a livello consumer sono attualmente abbastanza basse poiché il modello di distribuzione presuppone reti sufficientemente veloci da permettere l'accesso a programmi necessariamente complessi e «pesanti». Le possibilità sono invece decisamente maggiori nel settore aziendale dove le reti locali offrono tutta la banda necessaria e dove i vantaggi dell'abbattimento dei costi dell'hardware e della sua manutenzione sono evidenti.

Il modello del network computer viene normalmente descritto come nettamente contrapposto al modello di computer implicito nei sistemi operativi della Microsoft. In realtà, ciò è difficilmente sostenibile. Da anni aziende partner della Microsoft come la Citrix hanno distribuito varianti del sistema operativo Windows NT in grado di permettere a terminali a basso costo l'accesso ai programmi che girano sul server. In altri termini, un computer obsoleto (ad esempio un vecchio PC con processore Intel 386) si connette a un server sul quale gira materialmente un certo programma (ad esempio, Microsoft Word) e vi accede in modalità terminale (cioè il vecchio computer costituisce solo schermo, tastiera e mouse del programma che gira sul server centrale). Con questo sistema un'organizzazione può permettere l'accesso a programmi di ultima generazione attraverso terminali a basso costo e con vantaggi in termini di facilità di amministrazione del tutto equivalenti a quelli del network computer. Oggi questa strategia, che è chiamata *thin client/server* (client sottile/server), è stata abbracciata direttamente dalla Microsoft che ha rilasciato durante l'estate del 1998 una versione speciale di Windows NT 4.0 denominata Terminal Server Edition. Quanto si sa della prossima versione di Windows NT (la versione 5.0) lascia pensare che questa strategia si manterrà stabile.

5. *Conclusioni*

In generale bisogna abituarsi all'idea che Internet è un ambiente di comunicazione legato soprattutto all'uso del computer ma fondamentalmente non connesso a una tecnologia determinata. In quanto sistema che permette l'interconnessione tra reti e sistemi differenti Internet svolge naturalmente il ruolo di ambiente di comunicazione generico per dispositivi di ogni genere. Accanto agli esempi già visti nei paragrafi precedenti bisogna citare i PDA (*Personal Digital Assistants*), piccoli computer palmari per i quali la Microsoft ha sviluppato una versione iperleggera del suo sistema operativo nota come Windows CE, e gli stessi telefoni cellulari sempre più connessi a servizi di trasmissione dati e a Internet.

Bisogna notare come tutte queste trasformazioni si rivolgano ad almeno tre target profondamente disomogenei (si veda la tabella 4): il pubblico generale dei mezzi di comunicazione di massa e della televisione in particolare, il mercato consumer del PC, l'utenza professionale del computer (gli usi lavorativi in generale).

Se si guarda all'evoluzione del mercato negli ultimi anni è evidente che il mondo dell'utenza professionale ha fatto passi avanti straordinari nell'uso delle reti in ge-

Tabella 4

Pubblico di altri media	Mercato PC consumer	Utenza PC professionale
WebTV PDA Windows CE	Microsoft Office Microsoft Encarta Enciclopedia Rizzoli Windows '98 Internet Explorer	Network computer Windows NT Terminal Server

nerale (tutte le tecnologie LAN) e di Internet. Passi avanti notevolissimi sono stati compiuti anche nel settore consumer del mercato dei PC dove il caso di Windows '95 prima e di Windows '98 poi mostra chiaramente quale sia il peso che oggi assume Internet nel disegnare la mappa globale degli usi possibili del computer.

Il mercato dei mass media, al contrario, si muove molto lentamente e una diffusione ampia degli strumenti di rete oltre il campo degli utenti del PC non sembra affatto vicina. In questo senso le differenze rispetto a esperienze come quelle del Minitel o del Videotel sono estremamente significative.

CAPITOLO QUINTO

INTERNET COME AGENTE DI MUTAMENTO

È possibile localizzare gli «effetti sociali» di Internet? Una visione ingenua di Internet e del mutamento tecnologico in genere tende a considerare rilevanti solo gli aspetti socialmente riconosciuti come «positivi» e «vantaggiosi» dei nuovi media. In realtà, le aree veramente interessanti del mutamento nelle tecnologie della comunicazione sono quelle in cui un nuovo medium incontra ostacoli. È in queste aree, ove la visione dei vantaggi si scontra con le pratiche d'uso effettive, che è soprattutto necessario attendersi cambiamenti rilevanti, è qui che i nuovi media determinano pratiche sociali nuove in conflitto con la vecchia configurazione dei media che è così costretta a ristrutturarsi complessivamente. Un nuovo mezzo di comunicazione è infatti come l'introduzione di un nuovo pezzo nel gioco degli scacchi, qualcosa che non può rimanere senza conseguenze sulle regole e sulle strategie di gioco complessive.

Negli ultimi anni si è creata molta confusione tra il banale pessimismo di analisti «apocalittici» (sempre più rari a onor del vero) e la semplice analisi dei problemi determinati dalla diffusione sociale di Internet, analisi che non implica un giudizio di valore negativo per il fatto di prendere in considerazione problemi anziché vantaggi. Problemi e ostacoli sono in realtà gli elementi davvero importanti e positivi per gli analisti: è dall'impossibilità di realizzare o riprodurre determinate pratiche consolidate che nasce l'esigenza di elaborazioni nuove. I vantaggi percepiti, al contrario, sono gli elementi superficiali del cambiamento, spesso semplici specchietti per allodole diffusi dalle pervasive campagne di comunicazione dei grandi operatori del settore.

Nei prossimi paragrafi esaminerò alcune «aree problematiche» di Internet senza pretendere alcuna esaustività. Un esame attento dell'informazione che quotidianamente ci raggiunge sull'evoluzione dei «nuovi media» non mancherà di fornire al lettore ulteriori spunti di riflessione oltre ai pochi qui proposti come esempi.

1. Internet e gli altri media: televisione, radio, editoria e stampa, telefono, fax, satellite, cinema

Un modo produttivo di guardare alla storia di Internet è quello di osservare le sue relazioni con la configurazione degli altri media. Quando un nuovo medium emerge sulla scena sociale e la sua diffusione si stabilizza, ciò provoca dei necessari riassestamenti nella struttura generale dei media. Nel caso di Internet, poi, questa relazione con gli altri media è tanto più illuminante in quanto Internet pretende – in qualche modo – di essere tutti questi media assieme o, in altri termini, di rubare un po' di spazio a ognuno dei media tradizionali.

Il caso della televisione è significativo. Internet si è socialmente affermata nel periodo in cui cominciavano a diffondersi i primi progetti di televisione interattiva o video on demand. In Italia, ad esempio, l'ex STET aveva cominciato a occuparsi di un progetto di televisione interattiva attraverso la società Stream, oggi (in particolare dopo gli accordi con Murdoch) totalmente riposizionata rispetto agli obiettivi iniziali. Internet è vista in questo contesto come la «parente povera» di ciò che un sistema di televisione interattiva potrebbe significare, come una tecnologia che costituisce il prototipo elementare e in scala ridotta di quello che potrebbe essere un sistema di televisione interattiva digitale in futuro.

A parte questo, esistono però gli usi effettivi che di Internet fa la televisione e che Internet fa della televisione.

I network televisivi, ad esempio, fanno un uso sempre più articolato e complesso di siti web che forniscono informazioni sulla programmazione televisiva. Progetti di agenti intelligenti di rete in grado di fornire «palinsesti personalizzati» agli utenti hanno avuto un'eco limitata nel nostro Paese. È invece ormai ricorrente per i programmi televisivi più importanti una presenza sul web. In alcuni casi (si pensi alla trasmissione *Misteri*, nel 1997) il sito web costituisce un punto di raccolta delle opinioni e delle reazioni del pubblico, alternativo al classico uso in diretta del telefono: il forum di *Misteri* – pur del tutto indipendente dalla trasmissione – ha raccolto centinaia e centinaia di interventi anche in contemporanea alla messa in onda. Un uso radicalmente diverso veniva fatto da Michele Santoro nella trasmissione *Tempo Reale* dove i messaggi provenienti via e-mail dal pubblico di Internet costituivano una sorta di simulacro tecnologico del pubblico, quasi un elemento della scenografia.

Il cinema usa in modo abbastanza simile i siti web come strumenti di promozione dei film. I grandi *studios* hollywoodiani dedicano siti mediamente complessi ai film.

Ma non è solo la televisione a usare Internet. Il progetto della webTV (sviluppato dall'omonima società californiana, oggi di proprietà della Microsoft) è quello di rendere il web accessibile attraverso un televisore connesso a un *set top box* a sua volta connesso (via modem) a un Internet provider. Uno speciale telecomando permette di fare uno zapping ipertestuale usando un equivalente delle quattro frecce che regolano il cursore del computer: con le frecce alto/basso ci si muove attraverso i link ipertestuali nella singola pagina, mentre le frecce destra/sinistra permettono di percorrere avanti e indietro i link ipertestuali tra un documento e l'altro. Se negli ultimi anni si era affermata l'idea che l'ipertesto fosse una sorta di zapping attraverso i documenti, la webTV rende letterale la metafora.

Anche la radio ha forti connessioni con Internet, forse ancora più dirette della televisione. Poiché infatti l'audio richiede minore banda di trasmissione, i sistemi di *audio streaming* (ad esempio RealAudio, un sistema che permette di ascoltare un brano mentre lo si scarica dalla rete) sono ragionevolmente efficienti per una trasmissione via Internet della radiofonia. Molti canali radio hanno dunque non solo il sito Internet ma trasmettono direttamente (o in differita) sulla rete. Le radio RAI, ad esempio, hanno un'offerta estremamente variegata di trasmissioni via Internet.

Nel caso dell'editoria tradizionale, i rapporti con Internet sono stati più complessi ed eterogenei. Da un lato è maturata l'idea che Internet (e la telematica in generale) sia il canale potenziale di un nuovo sistema di distribuzione di testi digitali. Una simile immagine (che risale almeno al progetto Xanadu di Ted Nelson) oggi si concretizza in aree editoriali delimitate. In campo accademico, ad esempio, abbiamo il caso di riviste, bollettini, database bibliografici, oggi venduti in forma digitalizzata direttamente attraverso Internet. Alcuni progetti – di origine accademica – puntano a incentivare questo sistema di distribuzione: è il caso delle collezioni di testi digitalizzati *copyright free* (ad esempio il Gutenberg Project), che offrono gratuitamente ampie basi di dati testuali in rete. In Italia si è anche sviluppato il tentativo di commercializzare queste basi di dati su CD ROM (è il caso di alcune pubblicazioni della Zanichelli come *LIZ*, una collezione di testi della letteratura italiana).

D'altro canto la rete è vista come un possibile veicolo di commercializzazione del libro cartaceo. In questo ambito il grande successo dell'americana Amazon ha provocato una rincorsa da parte delle grandi catene librarie americane e internazionali. Il libro cartaceo (assieme ai CD audio) sembra essere ai primissimi posti tra i beni che già oggi risultano commercializzati con successo in rete. Presumibilmente ciò dipende dal fatto che il libro (come il disco) è un oggetto facile da trasportare e che non richiede particolari ispezioni dirette da parte del compratore prima dell'acquisto.

Credo vada invece sottolineata la sorprendentemente limitata presenza in rete degli editori multimediali (ovvero dei produttori di CD ROM). Il loro coinvolgimento è fortemente limitato a siti-brochure privi di strumenti di vendita elettronica che pure potrebbero trarre vantaggio dall'ovvia disponibilità generica del target (gli utenti di Internet sono necessariamente utenti del PC e molto probabilmente hanno un lettore di CD ROM).

Anche la stampa quotidiana e periodica sta cercando di internalizzare e normalizzare in qualche modo l'uso della rete. Molti quotidiani (anche in Italia) dispongono oggi di edizioni giornaliere *ad hoc* per la rete. Ben più della televisione, la stampa percepisce la rete come una vera alternativa alla distribuzione del proprio prodotto, limitata esclusivamente dai tassi di diffusione della tecnologia e dalla quasi nulla propensione all'acquisto di news degli utenti di Internet.

Anche un mezzo tradizionale come il telefono ha rapporti strettissimi con la rete. Anzitutto come canale di accesso per tutta l'utenza consumer (che accede a Internet attraverso le linee telefoniche, appunto). La diffusione delle linee ISDN comporta per l'utenza consumer non soltanto un aumento della banda di trasmissione (fino a 128 kbps per un cosiddetto «accesso base»), ma anche un miglioramento del servizio telefonico poiché un accesso base ISDN significa poter disporre di due linee telefoniche. A parte queste connessioni di base, è proprio il processo di trasmissione della voce che passa sempre più attraverso il PC: non solo i vari esperimenti di Internet Phones (sistemi che permettono di dialogare in viva voce con altri utenti Internet) hanno diffuso questa idea, ma anche i sistemi di videoconferenza via Internet includono la trasmissione della voce come componente base del pacchetto. Sebbene limitato, il fenomeno è interessante perché il passaggio dal telefono al computer comporta notevoli differenze di tariffazione: se parlo via Internet con un utente americano continuo a pagare la tariffa locale di connessione al mio Internet provider.

Gli operatori della telefonia cellulare (in Italia è il caso di Omnitel) sfruttano la rete Internet per offrire telefonate internazionali a costi ridotti. D'altra parte il cellulare è sempre più un punto di accesso a servizi telematici (tra i quali ovviamente la posta elettronica).

Anche il satellite sta diventando un veicolo possibile per l'accesso Internet dell'utenza consumer. Un sistema già commercializzato ovunque in Occidente (in Italia, ad esempio, dal CINECA di Bologna) consente di attivare connessioni nelle quali le richieste vengono inviate via modem e i dati ricevuti attraverso una parabola satellitare alla notevole larghezza di banda di 400 kbps.

Questa pur parziale panoramica delle relazioni tra Internet e gli altri media mostra una peculiarità importante di Internet come medium. Tutti i media vogliono essere su Internet perché tutti i media sono in qualche modo (seppure molto limitato) «convertibili» in comunicazioni digitali e telematiche. Dunque molti operatori dei media tradizionali percepiscono Internet come un prototipo di ciò che il loro mezzo di comunicazione potrebbe divenire in un futuro non poi così lontano, come qualcosa dunque che è necessario cominciare a sperimentare subito anche se in scala ridotta. La convergenza di interesse dei media tradizionali su Internet è forse l'unico esempio realizzato e socialmente diffuso della «convergenza» tra telecomunicazioni, informatica e media di cui tanto hanno discusso gli analisti dei media nell'ultimo decennio.

2. *Conservazione/memoria*

Sebbene la conservazione dei documenti sia un elemento fondamentale della nostra cultura, non è ancora sufficientemente diffusa la percezione dei problemi connessi alla conservazione dei documenti digitali. Il dibattito sulla morte del libro e sui rapporti tra editoria tradizionale ed editoria multimediale ha infatti dimenticato di affrontare il tema: è possibile immaginare una biblioteca digitale che, al pari delle biblioteche tradizionali, raccolga e mantenga utilizzabili e consultabili nel tempo le opere sino a oggi realizzate su supporti elettronici e distribuite su reti come Internet?

In genere questo problema viene focalizzato puntando sulla questione della deperibilità dei supporti (ad esempio, quanto tempo rimarrà utilizzabile e leggibile un floppy disk o un CD ROM?). Ma il problema più grave è costituito dall'evoluzione dell'hardware (computer e periferiche) e da quella del software (sistemi operativi, linguaggi di programmazione, piattaforme di sviluppo ecc.). Anche supponendo che un CD ROM abbia un tempo di conservazione di cento anni (secondo stime attendibili) siamo di fronte al paradosso che – allo stato attuale di evoluzione della tecnologia – niente garantisce che il contenuto di quel CD risulterà in qualche modo utilizzabile tra cento anni quando avremo computer, periferiche, sistemi operativi e microprocessori radicalmente diversi dagli attuali.

È evidente che diverse soluzioni sono possibili e praticabili ma nessuno sinora si è preoccupato di proporne su larga scala, e per una ragione abbastanza semplice: anche se il computer ha circa cinquant'anni di storia, l'editoria multimediale ne ha solo dieci (scarsi) ed è quindi ancora abbastanza difficile focalizzare il problema di cui sto trattando (anche se è già concretamente esperibile dall'utente esperto con una storia personale di uso del computer maggiore di cinque anni). Il problema si porrà in modo acuto tra cinque anni quando gli editori multimediali scopriranno i costi e i problemi legati al «mantenimento in vita» dei loro cataloghi.

Bisogna evitare a questo proposito di confondere due tipi di problemi che vanno invece tenuti ben distinti: la fragilità dei supporti e l'obsolescenza delle tecnologie. Espresso molto brevemente: la fragilità è un problema relativamente facile da risolvere, mentre l'obsolescenza è un problema complesso.

La fragilità dei supporti dei media digitali (nastri, floppy disk, CD ROM, hard disk ecc.), infatti, non è molto diversa da quella dei supporti di molti media analogici (pellicole cinematografiche, nastri audio, fotografie a stampa ecc.). La fragilità dei supporti si risolve con il *refreshing* degli stessi: i contenuti vanno riversati da un vecchio supporto a un nuovo supporto (da floppy a CD ROM, da CD ROM a DVD ecc.). Certo, il problema quantitativo non è indifferente. La RAI, ad esempio, ha oggi il problema di riversare 180.000 vecchi nastri su nuovi supporti (dato del 1997); il patrimonio video accumulato dalla RAI (al 1996) è di 248.000 ore video e con l'aumento dell'offerta televisiva complessiva, il problema del refreshing acquisterà caratteri esponenziali nel giro di pochi decenni.

Il problema dell'obsolescenza tecnologica è invece del tutto diverso. Qui non è in gioco il puro e semplice supporto, ma il modo di codificazione del contenuto. I documenti digitali vengono prodotti con sistemi che dipendono in vario modo dalle piattaforme software/hardware per le quali sono stati concepiti e sviluppati. A ciò bisogna aggiungere la difficoltà di garantire una piena e continua compatibilità «all'indietro» delle piattaforme software. Questo richiede idealmente un continuo *upgrade* dei documenti o l'elaborazione di sistemi di emulazione che garantiscano (a partire da qualsiasi nuova piattaforma) la leggibilità di qualunque documento realizzato su piattaforme divenute obsolete.

La Task Force on Archiving of Digital Information ha elaborato negli Stati Uniti un primo rapporto strategico su questi temi proponendo una visione integrata del tema della fragilità e dell'obsolescenza tecnica. Il termine «migrazione» riassume una visione più organica e complessa del problema.

> La migrazione è il trasferimento periodico di materiali digitali da una configurazione hardware/software a un'altra, o da una generazione di tecnologie informatiche alla successiva. L'obiettivo della migrazione è quello di preservare l'identità degli oggetti digitali e conservare la capacità di caricarli, mostrarli e usarli nonostante il continuo mutamento tecnologico. La migrazione include il refreshing come strumento di conservazione digitale ma differisce da esso nel senso che non è sempre possibile realizzare un'esatta copia digitale o la replica di un database o altro oggetto informativo con hardware e software che cambiano e purtuttavia mantenere una compatibilità dell'oggetto stesso con la nuova tecnologia (Task Force on Archiving Digital Information, 1996; traduzione mia).

Questo documento è molto rilevante anche in Italia e non tarderanno iniziative in questo senso anche nel nostro Paese. Qui mi preme soprattutto segnalare la relazione del problema con la conservazione di documenti digitali su reti telematiche e su Internet in particolare. Il problema della conservazione dei documenti digitali sembra infatti riguardare anche Internet. Si pensi alla volatilità dei documenti distribuiti sul web, ad esempio. Esattamente in virtù dell'estrema disseminazione dei produttori-distributori di informazione (che su Internet sono milioni) è fondamentalmente impossibile immaginare forme di conservazione (memorizzazione e archiviazione) sistematiche e centralizzate dei documenti che vi sono distribuiti. Se non altro dal punto di vista degli storici del futuro, com'è stato sostenuto, sarebbe davvero un peccato non occuparsi di una qualche forma di conservazione dei primi anni di sviluppo del web.

Per cominciare ad affrontare questo problema Brewster Kahle, l'inventore del WAIS, ha creato il progetto Alexa la cui idea, molto semplicemente, è quella di archiviare periodicamente il web (o aree specifiche del web) in modo da poter costituire nel lungo periodo degli indici temporali delle diverse aree. Con un software appositamente progettato da Kahle il visitatore di un dato sito potrebbe essere in grado di sfogliare le diverse versioni del sito che si sono succedute nel tempo. Il progetto Alexa è partito all'inizio del 1996 e in un anno (dati del dicembre 1997) ha raccolto tre «istantanee» di più o meno 500.000 siti web per un totale di circa 8 terabytes di dati (ovvero 8000 gigabytes). Lo scanning del web per l'esecuzione di un'«istantanea» viene realizzato ogni 30-60 giorni.

Sebbene più che apprezzabile per aver permesso di focalizzare la questione, la strategia seguita da Kahle e collaboratori costituisce una soluzione estremamente parziale e limitata al problema. Il web è infatti costituito non solo di «documenti statici», che è possibile memorizzare in modo integrale e completo, ma anche e soprattutto di «documenti dinamici», generati dall'interazione degli utenti con software di vario genere: è il caso delle banche dati, dei documenti generati in tempo reale da programmi server e così via. Inoltre bisogna considerare che i documenti web sono solo in piccola parte costituiti da testo (immagini ecc.) e in gran parte immersi, per così dire, in codici di descrizione e programmazione di vario genere (il linguaggio HTML, i vari linguaggi di scripting per le pagine web come JavaScript o Vbscript ecc.). La memorizzazione dei documenti web, dunque, se anche fosse possibile in modo accurato e globale, non risolverebbe il problema dell'obsolescenza dei codici che permettono oggi l'interazione degli utenti con i documenti distribuiti sul web. Il web attualmente veicola decine e decine di tipologie di documenti digitali di ogni genere, per ognuno dei quali si pongono problemi specifici di obsolescenza e interoperabilità con il complesso delle tecnologie disponibili.

A rendere la situazione ancora più complessa contribuisce il fatto che il web costituisce solo una parte della comunicazione che oggi avviene su Internet: posta elettronica, mailing list, newsgroup ecc. sono ambienti di comunicazione per i quali non esistono strategie globali di archiviazione e conservazione.

Il rischio è in definitiva duplice: da un lato siamo di fronte alla possibilità di perdere un'ampia documentazione «storica» che in futuro potrebbe permettere una ricostruzione efficace dei primi decenni di esistenza delle reti telematiche nel mondo, dall'altro la mancata codificazione di strategie precise di conservazione (almeno per determinate categorie di documenti) è il sintomo di un'incertezza sociale diffusa e di una difficoltà a una piena inclusione sociale di Internet come mezzo «standard» di comunicazione.

3. Controllo/privacy/censura

I media digitali come Internet pongono problemi del tutto peculiari relativamente alla questione generale del «controllo» della comunicazione. Controllo significa monitoraggio della comunicazione ma anche regolazione (o non regolazione) dell'accesso a informazioni disponibili sui singoli utenti, ad aree specifiche di contenuto (censura).

La monitorabilità della comunicazione, ad esempio, è un fattore distintivo dei singoli media (si pensi alla diversità dei sistemi di rilevazione in campo editoriale, nella stampa periodica, nella televisione), tanto dal punto di vista della metodologia adottata quanto da quello del tipo di informazione che i vari sistemi di rilevazione riescono a ottenere.

I media digitali sono caratterizzati da estese capacità di controllo del processo di distribuzione dei documenti da parte sia del mittente sia del destinatario della comunicazione. Su Internet (forse per la prima volta nella storia dei media) è possibile raccogliere (per «enumerazione completa» e non sulla base di campioni statistici) informazioni estremamente dettagliate sui processi di fruizione dei servizi. La pubblicità, ad esempio, può essere tariffata «a singolo contatto» e non forfettariamente (sulla base di rilevazioni statistiche) come negli altri media. Al contrario di quanto accade per la stampa quotidiana, di un giornale distribuito on line è possibile, ad esempio, un conteggio all'unità degli utenti che hanno avuto accesso alle sue diverse «pagine», inoltre tale conteggio è disponibile in tempo reale.

Ecco una lista (del tutto parziale) del tipo di informazioni che è possibile ottenere relativamente al modo in cui vengono fruiti i documenti di un server web:

– identificativo del computer che accede a una pagina HTML, *domain name* e probabile localizzazione geografica dell'utente;

– data e ora di accesso al documento;

– che cosa viene richiesto al server (nel minimo dettaglio), quante volte, in quale ordine ecc.;

– pagina da cui proviene (ipertestualmente) l'utente prima di raggiungere il sito in esame;

– identificativo dell'utente (in caso di servizi chiusi che richiedono una registrazione individuale);

– sistema operativo dell'utente;

– tipo di browser impiegato;

– se il documento è stato già visitato dall'utente e, se sì, quando;

– tipi di richieste fatte a eventuali sistemi di ricerca nel sito (ad esempio, quali parole chiave sono state utilizzate dall'utente per la sua ricerca ecc.).

Dell'ampia possibilità di controllo del web si fanno due usi principali. Da un lato, come ho accennato, tale controllo rende possibile un nuovo modo di realizzare e tariffare i servizi pubblicitari, offrendo all'inserzionista uno strumento molto sofisticato per valutare l'impatto della sua comunicazione. Dall'altro, queste informazioni possono essere impiegate per realizzare un nuovo modo di distribuzione dei documenti, un sistema dinamico che sfrutta le informazioni in tempo reale e «retroagisce» sulla richiesta fatta dall'utente. Si tratta di un processo molto semplice. L'utente di un grande motore di ricerca come Altavista, ad esempio, vedrà probabilmente comparire sulla pagina che contiene l'esito di una sua ricerca una pubblicità che ha relazioni tematiche con quanto richiesto: chi ha effettuato una ricerca sulla stringa «televisione», riceverà presumibilmente pubblicità di un inserzionista legato al mondo televisivo. Un altro esempio potrebbe essere costituito da un sistema in grado di formulare ipotesi sulla provenienza geografica degli utenti e di sfruttarle per distribuire i documenti nella lingua dell'utente. In questi casi la natura del documento che viene inviato al richiedente dipende da informazioni raccolte nel momento stesso in cui la richiesta del documento viene effettuata dall'utente.

L'alto grado di monitorabilità del web può facilmente portare a immaginare scenari da grande fratello che però sono totalmente fuori luogo. Il grande fratello orwelliano è un soggetto centrale che ha una visione panottica sulle comunicazioni dei suoi sudditi. Sul web, potremmo dire, ognuno è potenzialmente il grande fratello di ogni altro. La possibilità di monitorare un sito web è tanto poco «centralizzata» quanto i siti web stessi: esistono milioni di server web e dunque milioni di soggetti in grado di monitorare quanto viene richiesto ai loro computer. Ciò darà luogo non tanto a una società di piccoli grandi fratelli, di milioni di microattività di spionaggio reciproco, quanto piuttosto a un regime di comunicazione in cui anche i singoli faranno valutazioni sull'impatto della propria comunicazione usando strumenti e strategie oggi caratteristiche dei soli grandi mezzi di comunicazioni massa. Attualmente il fenomeno rilevante è che il software di monitoraggio di un sito web è un sistema diffusissimo che permette a centinaia di migliaia di individui di esaminare analiticamente l'«audience» dei propri documenti. Non si può dire con precisione se e cosa questa nuova dinamica produrrà ma è certo che si tratta di un fenomeno del tutto nuovo nel panorama dei media.

Il problema della monitorabilità della comunicazione è strettamente connesso al problema della privacy e della censura. L'11 giugno 1996, la Corte distrettuale della Pennsylvania ha dichiarato (in un procedimento per valutare la costituzionalità del cosiddetto *Communications Decency Act* o semplicemente CDA) che Internet è un nuovo mezzo di comunicazione di massa («The Internet is a new medium of mass communication»). Si tratta del primo documento giuridico che segnala in modo formale l'inclusione di Internet nell'attuale configurazione dei media. L'occasione è non casualmente giuridica: si tratta di verificare la costituzionalità di alcune norme restrittive relative all'uso di Internet (il CDA appunto) contenute nel più ampio *Telecommunications Act* proposto dal governo Clinton nel 1996. Il dibattito provocato da queste norme è stato molto vasto e vale la pena osservarne da vicino qualche dettaglio. Ecco il testo della norma da esaminare:

> Chiunque
> (1) consapevolmente in comunicazione tra Stati o con Paesi stranieri
> (A) usa un servizio informatico interattivo per spedire a una o più specifiche persone sotto i 18 anni, o
> (B) usa un servizio informatico interattivo per mostrare in modo accessibile a una persona sotto i 18 anni,
> qualunque commento, richiesta di suggerimenti, proposta, immagine o altra comunicazione che, in contesto, dipinge o descrive in termini patentemente offensivi secondo la misura dei contemporanei standard della comunità, organi sessuali o delle attività escretive, indipendentemente dal fatto che l'utente di tale servizio ha iniziato o meno la comunicazione; o
> (2) consapevolmente permette che un sistema di telecomunicazione sotto il suo controllo venga usato per attività proibite dal paragrafo (1) con l'intento di usarlo per quell'attività,
> verrà multato secondo il titolo 18 del Codice degli Stati Uniti o imprigionato per non più di due anni, o entrambi.

Il problema è quello di valutare la compatibilità di questa norma con il primo emendamento della Costituzione degli Stati Uniti che fa espresso divieto al Congresso di legiferare in materia di restrizioni del diritto di parola o di stampa. La Costituzione americana, ratificata nel 1791, era ovviamente basata (con il solo riferimento alla parola orale e alla stampa) su un sistema di media che avrebbe subito trasformazioni sostanziali nei duecento anni successivi (a partire dalla diffusione del telegrafo elettrico negli anni

Trenta dell'Ottocento, sino alla serie di innovazioni emerse a partire dagli anni Settanta del medesimo secolo: il telefono, la radio, il cinema, la televisione e così via). Ma ecco la conclusione dei giudici della Pennsylvania:

> Internet è un nuovo mezzo di comunicazione di massa. Come tale, la giurisprudenza della Corte Suprema sul Primo Emendamento ci obbliga a considerare le speciali qualità di questo mezzo nel determinare se il CDA è o meno un esercizio costituzionale del potere governativo. Basandomi su queste speciali qualità che abbiamo descritto dettagliatamente [...] concludo che il CDA è incostituzionale e che il Primo Emendamento nega al Congresso il potere di regolare la comunicazione su Internet.

Il rapporto tra Internet e gli altri media è un altro dei problemi affrontati dalla Corte distrettuale della Pennsylvania nel caso giudiziario menzionato.

> Circa cinquant'anni fa, Justice Jackson riconobbe che «il cinema, la radio, il giornale, il volantino, la traccia sonora e l'oratore di strada hanno diverse nature, valori, abusi e pericoli. Ognuno [...] è una legge in se stesso» (1949). La Corte Suprema ha espresso questo concetto più volte da quella data e un trattamento differenziale dei mass media è diventato dottrina stabilita del Primo Emendamento. L'approccio medium-specifico alla comunicazione di massa esamina la tecnologia della comunicazione sottostante per trovare il giusto equilibrio tra i valori del Primo Emendamento e altri interessi in competizione. Nei media a stampa, ad esempio, l'equilibrio appropriato generalmente vieta regolazioni governative sul contenuto, per quanto minime. In altri media (nei tabelloni pubblicitari, ad esempio), l'equilibrio proprio può consentire qualche regolazione relativa sia al contenuto

> sia alla tecnologia (in quanto tale) della comunicazione. Le trasmissioni radiotelevisive rappresentano l'approccio più rilevante alla regolazione medium-specifica delle comunicazioni di massa. Come risultato della scarsità di larghezza di banda nello spettro elettromagnetico, il Governo mantiene un'estesa autorità tanto nel potere di assegnazione delle frequenze quanto nel proibire che altri trasmettano sulle medesime frequenze. Quattro caratteristiche della comunicazione su Internet hanno un'importanza fondamentale nel formare la nostra opinione condivisa che il CDA sia incostituzionale. Primo, Internet ha barriere molto deboli di accesso. Secondo, queste barriere sono identiche tanto per i mittenti quanto per i destinatari della comunicazione. Terzo, come risultato delle deboli barriere di accesso, una varietà sorprendentemente vasta di contenuti è disponibile su Internet. Quarto, Internet fornisce accesso significativo a quanti vogliono comunicare con il nuovo medium e crea una relativa parità tra i parlanti.

Si tratta di conclusioni significative. Non solo perché (come richiesto da molte associazioni americane e internazionali) ciò conduce a rifiutare qualunque forma di censura in rete ma anche e soprattutto perché per ottenere un simile effetto i giudici hanno codificato una rete di relazioni giuridicamente significative tra Internet e gli altri media. L'apertura di Internet viene vista come il fattore cruciale per deciderne le modalità di regolazione in rapporto a media come la stampa e la televisione.

L'apertura di Internet pone però anche problemi diversi dalla questione della regolazione e del controllo dell'accesso ai contenuti. Problemi legati alla protezione del copyright, alla sicurezza delle reti e alle potenzialità del commercio elettronico sono una conseguenza dell'«apertura» di Internet.

Se il torchio a stampa di Gutenberg aveva introdotto nel sistema editoriale la riproducibilità «identica» dei testi (cosa tipicamente impossibile nel periodo precedente), il mondo dei computer ha invece generato tecniche per la riproduzione dei materiali digitali (programmi e documenti di vario genere) che consentono la realizzazione di copie identiche (nel senso digitale del termine) con pochissimo sforzo e a costi progressivamente decrescenti. Se dal punto di vista delle economie «legali» i computer permettono economie di scala straordinarie nella distribuzione del software (il costo di riproduzione di un CD ROM rimane il medesimo indipendentemente dal numero di byte di informazione che vi sono memorizzati), essi hanno però sempre generato un sistema parallelo di copie illegali (cosa che, si noti bene, non ha impedito lo sviluppo di una fiorente industria del software).

In questo contesto, Internet e in genere le reti telematiche pongono problemi specifici. Il fenomeno degli *hacker*, termine che ha solo di recente assunto connotazioni negative legate all'accesso illegale a sistemi telematici protetti, costituisce forse la forma «pionieristica» di un problema che in un futuro non lontano potrà diventare ben più grave di quanto sia mai stato sinora. L'Operazione Sun Devil, un grande intervento di polizia realizzato negli Stati Uniti nel 1990 e narrato da Bruce Sterling in un famoso libro-reportage (*Giro di vite contro gli hacker*), la perquisizione e il sequestro di decine di nodi Fidonet in Italia nel 1994 (di cui si è detto in precedenza) sono legati alla percezione, da parte delle forze dell'ordine dei due Paesi, che la rete è un potenziale sistema di distribuzione di copie illegali di programmi.

La sostanziale apertura di Internet ha costituito senz'altro uno degli ostacoli cruciali allo sviluppo di sistemi di *electronic business.* Oggi però questi ostacoli appaiono sostanzialmente superati da una pluralità di tecnologie che consentono transazioni sicure on line attraverso sistemi di criptazione dei dati trasferiti, di autenticazione degli utenti e delle risorse informatiche distribuite (tramite i cosiddetti *digital certificates* e le «firme digitali» ormai riconosciute legalmente anche in Italia).

4. *Strategie contro l'analfabetismo informatico*

Il problema della disparità tra chi ha accesso alle nuove tecnologie e chi ne è privo (i cosiddetti *infopoveri* e *inforicchi*) è cruciale. Sebbene il tema sia già stato affrontato da Licklider nel 1968, in Europa un dibattito esteso su questi temi inizia con la pubblicazione del cosiddetto Rapporto Bangemann redatto da una commissione dell'Unione Europea tra il 1993 e il 1994 (per l'Italia partecipavano Romano Prodi e Carlo De Benedetti). Ecco qualche passaggio da quel documento:

> La rivoluzione digitale [*information revolution*] produce profondi cambiamenti nelle nostre società, nella loro organizzazione e struttura. Tutto questo ci pone di fronte a una sfida cruciale: cogliere le opportunità di tale rivoluzione controllandone i rischi, o rassegnarsi a questi ultimi con tutte le incertezze che ciò comporta. Il rischio principale consiste nella creazione di una società a due livelli di possessori e di non-possessori, nella quale solo una parte della popolazione ha accesso alle nuove tecnologie e le padroneggia assicurandosene i benefici. C'è il pericolo che gli individui rigettino la nuova cultura digitale [*the new information culture*] e i suoi strumenti. Un tale rischio è inerente ai processi di cambiamento strutturale. Dobbiamo confrontarci con questo ri-

> schio convincendo la gente che le nuove tecnologie ci permetteranno di fare un passo avanti verso una società europea meno soggetta a vincoli come la rigidità, l'inerzia la compartimentalizzazione. Mettendo assieme risorse tradizionalmente separate e distanti, l'infrastruttura digitale [*information infrastructure*] libera potenzialità illimitate per l'acquisizione di conoscenza, innovazione, creatività (European Commission, 1993, cap. 1; traduzione mia).

Il problema della disparità tra chi ha accesso e chi non ha accesso alle nuove tecnologie genera conseguenze a catena. Il problema della disparità è infatti anche il problema di un'asimmetria che rende impossibile un uso pieno delle nuove tecnologie in alcuni ambiti della società. Nella scuola, ad esempio, l'insegnante che volesse regolarizzare l'uso del PC come strumento didattico dovrebbe tenere in seria considerazione la differenza tra studenti che posseggono un PC a casa e studenti che possono utilizzare solo le risorse informatiche scolastiche (presumibilmente limitate). In molti settori della società, dunque, il raggiungimento di una «massa critica» di utenti non è una condizione sufficiente per un uso sistematico delle nuove tecnologie e tanto meno per un rimpiazzamento dei media tradizionali. Un simile problema ovviamente non si pone in altri settori (ad esempio nella pubblica amministrazione), ove è possibile pianificare in modo completo processi di integrazione tecnologica nel medio periodo.

Tra le diverse voci che in Italia hanno posto il problema va citato Umberto Eco, il quale ha suggerito la necessità di fondare luoghi pubblici di accesso a contenuti multimediali e servizi telematici. In una serie di interventi sulla stampa italiana ed estera, Eco ha auspicato la creazione di questi centri (*arcades multimediali*) da parte dello Stato e delle Amministrazioni locali. Sommati agli interventi nel settore dell'istruzione (si veda § 5) e agli accessi che sempre più saranno disponibili nei posti di lavoro, questi centri determinerebbero una situazione di maggiore parità sociale nell'accesso alle tecnologie. La società Horizons Unlimited di Bologna ha trasformato quest'idea in progetto operativo proposto alle Amministrazioni locali (il nome del progetto è Multimedia Arcade). L'idea è quella di sfruttare la rete delle biblioteche dei Comuni italiani come punti di accesso alle nuove tecnologie per i cittadini. In questo modo si potrebbe garantire una sorta di accessibilità di diritto per la «totalità del pubblico» ad alcuni contenuti multimediali (la rete Internet, biblioteche di CD ROM). Alcune di tali biblioteche potranno successivamente diventare i luoghi deputati per la sperimentazione di strategie di medio e lungo periodo nella conservazione dei documenti digitali (si veda § 2).

Nonostante gli appelli di Eco e il profluvio di interventi sulla questione della «democrazia elettronica» (intesa anzitutto come democrazia nella capacità di accesso dei cittadini ai nuovi servizi digitali), gli interventi realizzati o in corso di realizzazione in Italia sono molto pochi e in gran parte affidati all'energia di piccole organizzazioni e biblioteche locali che affrontano il problema con gli scarsi mezzi disponibili. Due soli grandi progetti di «biblioteche multimediali» di pubblica lettura sono oggi in corso di realizzazione in Italia: si tratta del progetto della nuova Biblioteca multimediale di Sala Borsa a Bologna (a cura dell'Amministrazione comunale) e della nuova Mediateca di Santa Teresa a Milano (progetto promosso dal Ministero dei Beni culturali).

5. *Internet a scuola*

Se il rapporto tra Internet e mondo universitario e della ricerca è evidente, in quanto Internet deriva in qualche modo proprio da quel mondo, molto meno scontato è il rapporto tra Internet e mondo della scuola. Guardando ad esempio alla situazione italiana, si notano ritardi gravissimi ai quali solo ora si comincia a porre rimedio.

Il Programma di Sviluppo delle Tecnologie didattiche per il periodo 1997-2000, varato dal ministro della Pubblica Istruzione Luigi Berlinguer, è stato il primo programma governativo in Italia a prendere di petto su larga scala il problema del rinnovamento delle strutture tecnologiche della scuola italiana.

Il programma prevede un investimento di 1000 miliardi in quattro anni per finanziare un totale di 15.000 scuole. Le scuole riceveranno i fondi con due modalità principali: il finanziamento di «unità operative per i docenti» (piccoli contributi dedicati a scuole prive di esperienze informatiche) e il finanziamento di progetti per la «multimedialità in classe» (contributi più consistenti per scuole in grado di gestire progetti più avanzati di didattica al computer). I dati raccolti dal ministero all'inizio del 1998 confermano il piano iniziale: 7218 scuole finanziate nel 1997 a fronte delle 6850 previste.

Al termine del processo (31 dicembre 2000) 15.000 scuole avranno acquisito, in una prima fase, attrezzature informatiche (un computer multimediale, un certo numero di periferiche) e formazione per l'aggiornamento degli insegnanti. In una seconda fase, passando dalla teoria alla pratica, avranno allestito piccole reti locali, laboratori, aule informatiche e realizzato esperienze formative più complesse.

Il piano Berlinguer è un progetto cruciale per lo sviluppo della scuola italiana, che registrava ritardi gravi nell'area dell'aggiornamento tecnologico e che adesso possiede gli strumenti economici di base per cercare di invertire la tendenza.

Gli obiettivi generali di questo programma di investimenti sono evidenti.

1. Portare la scuola al passo delle tecnologie che oggi percorrono il mondo del lavoro, la cultura, il settore dell'informazione e dei media: si tratta qui di una sorta di autoreferenzialità che consiste nel legare il senso del computer a scuola al semplice dato di fatto della sua pervasività sociale. L'uso del computer va insegnato poiché il computer è ovunque. Da questo punto di vista, i modelli informatici di base (i sistemi operativi con le loro funzioni basilari, i programmi di scrittura, i fogli di calcolo, i database, gli strumenti di presentazione e l'uso dei servizi Internet) diventano un vero e proprio contenuto formativo che si aggiunge ai programmi ministeriali correnti.

2. D'altro canto, si tratta di una scommessa circa l'efficacia di una didattica non tanto *del* computer ma *al* computer: l'italiano, le lingue straniere, il latino, la chimica ecc. *al* computer o *con* l'ausilio del computer. È evidente che da questo secondo punto di vista si tratta di tutt'altro presupposto e di altri contenuti didattici: l'obiettivo non è l'inserzione di nuovi contenuti nei programmi ministeriali ma un cambiamento metodologico e operativo nello svolgimento dei programmi tradizionali.

Com'è evidente, sono due problemi molto diversi tra loro. Nel primo caso si tratta di integrare nel sistema formativo un medium della comunicazione, il computer, che ha subìto un processo straordinario di inclusione sociale a partire dagli anni Settanta. Da questo punto di vista, la scuola non può far altro che registrare gli usi sociali effettivi dell'informatica e cercare di inserirli (in modi diversi nei diversi livelli e tipi scuola) nei propri curricoli formativi. Da questo punto di vista, lo studente del liceo classico che impara a maneggiare un word processor svolge un'operazione simile a quella dello studente dell'istituto tecnico commerciale che apprende il funzionamento di pacchetti software per la gestione finanziaria: entrambi anticipano l'apprendimento di modelli tecnologici largamente diffusi nel mondo del lavoro (in una casa editrice o un giornale, nel primo esempio, in una banca, nel secondo).

Il secondo punto è decisamente più complesso e mette in gioco un programma più o meno ampio di riforma dei sistemi educativi tradizionali. Il versante operativo di questo programma ha evidentemente a che fare con la disponibilità di strumenti concreti per la sua realizzazione. Oggi – dopo diversi passaggi storici di segno diverso – il modello in voga è quello dell'editoria multimediale.

A differenza del software generalmente usato dagli utenti del computer, che serve a manipolare contenuti di vario genere (testi, ipertesti, numeri, dati strutturati, immagini ecc.), l'editoria multimediale offre sistemi elettronici (oggi in gran parte ipermediali, cioè ipertestuali e multimediali) che veicolano direttamente contenuti: arte, enciclopedie, guide, narrazioni, giochi ecc. L'attrattiva di questo genere di software – la cui diffusione ha raggiunto tassi rilevanti solo negli ultimi tre anni – è notevole: il 93% degli insegnanti italiani coinvolti nei programmi di finanziamento ministeriale per il 1997 sostiene di avere intenzione di usare «CD multimediali» in classe (altri obiettivi formativi sono: uso di programmi di scrittura, redazione di giornalini scolastici elettronici, costruzione di ipertesti, database, collegamenti con altre classi e/o docenti, fare ricerche su Internet, usare la posta elettronica ecc.; si veda la tabella 5).

Nonostante l'interesse degli insegnanti, la diffusione di CD multimediali è ancora assai limitata nel sistema scolastico italiano. Il Ministero della Pubblica Istruzione ha firmato convenzioni importanti con fornitori di servizi Internet (Telecom Italia) e grandi produttori di software (Microsoft), ma non ci risultano accordi significativi con editori multimediali. Il collegamento a Internet e la capacità di produrre autonomamente materiali informatici sono giustamente al primo posto nel piano di sviluppo del governo.

D'altra parte, la marginalità dei CD ROM nel piano di sviluppo dipende anche dal fatto che l'offerta dell'editoria multimediale italiana in campo scolastico è ancora decisamente insufficiente (quantitativamente e qualitativamente). Il *Report* (del luglio 1996) dell'Educational Multimedia Task Force dell'Unione Europea è a questo proposito ancora attuale quando afferma che i seguenti ostacoli impediscono una larga diffusione del multimedia in ambito educativo:

a) mancanza di hardware e software *friendly* per insegnanti e studenti;

b) quantità insufficiente di attrezzature informatiche (spesso obsolete o sottoutilizzate);

c) insufficiente quantità e qualità di software educativo adeguato alle esigenze dell'utenza scolastica;

d) difficoltà di integrare le tecnologie multimediali nella pratica educativa corrente;

f) mancanza di formazione e informazione.

Se si sfogliano i cataloghi degli editori multimediali italiani (RCS, Mondadori, De Agostini, Giunti, Opera Multimedia) si nota immediatamente l'assenza di titoli specifici adeguati ai curricoli scolastici. I titoli cosiddetti *educational* in questi cataloghi si riferiscono sempre a una sfera ludico-educativa (*edutainment*) che non ha niente a che fare con il campo di contenuti dell'editoria scolastica in senso stretto. Il software educational non è il corrispettivo multimediale dell'editoria scolastica. Un'editoria scolastica multimediale vera e propria non è stata ancora sviluppata (le pochissime eccezioni sono oggi riconoscibili per la qualità generalmente modesta della produzione, sia dal punto di vista dei contenuti sia delle tecnologie impiegate). Il 14% di quota di mercato dei titoli educational nel 1997 (ANEE, luglio 1997) non ha rapporti di rilievo con il settore dell'editoria scolastica vera e propria: la crescita di titoli educational nel settore consumer dell'editoria su CD ROM continua a orientarsi verso pratiche d'uso e di consultazione extrascolastiche. Le ragioni di tale ritardo sono abbastanza evidenti e dipendono dalla scarsa evoluzione di un segmento di domanda scolastica specifica del settore multimediale. In altri termini, la scuola non genera ancora una domanda di prodotti multimediali in grado di far evolvere un segmento di offerta di contenuti con una sua specificità di mercato.

Credo sia possibile prevedere che in generale il ruolo dell'editoria multimediale (e in particolare dei contenuti su CD ROM) in campo scolastico sarà abbastanza irrilevante nel medio periodo. L'evoluzione di un segmento autonomo di editoria multimediale dedicata alle scuole avverrà probabilmente attraverso la mediazione del software «tradizionale» o di base.

Di qui al Duemila non saranno infatti i CD ROM multimediali a popolare le aule informatiche italiane ma le grandi famiglie di software applicativo più diffuse sul

Tabella 5 – Attività informatiche svolte nelle circa 4000 scuole finanziate con il progetto 1B

Attività previste	Mai o quasi mai (%)	Sporadicamente (%)	Abbastanza di frequente (%)	Sistematicamente (%)
Uso word processor	15,5	7,0	35,5	42,0
Redazione e stampa giornale scolastico	40,0	20,0	25,0	15,0
Costruzione ipertesti e ipermedia	40,0	20,0	25,0	15,0
Sostegno e recupero con software specifico	38,0	19,0	28,0	15,0
Uso di software specifico	20,0	15,0	40,0	25,0
Costruzione database e raccolta dati strutturati	64,0	22,0	11,0	3,0
Ricerca ed elaborazione dati da database	67,0	21,0	9,0	3,0
Simulazioni di laboratorio	72,0	15,0	9,0	4,0
Collegamenti con altre classi o con altri docenti	64,0	20,0	12,0	4,0

(segue)

Tabella 5 – (continua)

Attività previste	Mai o quasi mai (%)	Sporadicamente (%)	Abbastanza di frequente (%)	Sistematicamente (%)
Ricerca materiali in Internet o in altre stazioni remote	64,0	20,0	12,0	4,0
Uso della posta elettronica	37,0	25,0	23,0	15,0
Uso di CD multimediali	18,0	15,0	42,0	25,0
Gestione della biblio/mediateca	80,0	10,0	6,0	4,0
Manipolazione e gestione suoni	46,0	27,0	21,0	6,0
Manipolazione e gestione immagini	27,0	19,0	37,0	17,0

Fonte: Ministero della Pubblica Istruzione, settembre 1998.

mercato: programmi di scrittura, database, fogli di calcolo, strumenti di presentazione. A ciò bisogna aggiungere la sempre più diffusa capacità di accesso a Internet. Gli insegnanti arriveranno dunque alla multimedialità attraverso strumenti che *permettono* loro di preparare contenuti multimediali e non attraverso strumenti che *forniscono* contenuti già confezionati.

Il ruolo che svolgerà Internet nel sistema scolastico sarà in larga parte determinato da queste tendenze. Secondo dati diffusi dal Ministero della Pubblica Istruzione (settembre 1998), più del 50% delle scuole che hanno partecipato al piano di aggiornamento tecnologico hanno attivato un collegamento a Internet. La tabella 5 mostra chiaramente che gli insegnanti useranno il computer a scuola più per elaborare in proprio materiali didattici a integrazione di quelli già esistenti, che per recepire la nuova editoria multimediale su CD ROM orientata al settore educational. La netta prevalenza degli strumenti informatici di base invece che dei CD ROM multimediali costituirà uno stimolo maggiore all'uso della rete. Pacchetti software come Microsoft Office (lo si è visto in dettaglio nel capitolo quarto) stimolano all'uso di Internet molto più di quanto possa fare qualunque CD ROM multimediale oggi in commercio. In breve, Internet costituirà principalmente lo strumento di interconnessione e scambio di materiali autoprodotti dagli insegnanti e dagli studenti.

Un monitoraggio costante delle attività informatiche realizzate nelle scuole (al di là dell'occasione importante ma contingente di controllare gli esiti del finanziamento ministeriale) permetterà probabilmente in futuro di cogliere meglio che con qualsiasi altro indicatore il grado effettivo di penetrazione di Internet e dei nuovi media nella società italiana.

Internet è nata nel mondo accademico e del mondo accademico internazionale è stata la responsabilità, fino all'inizio degli anni Novanta, del minore o maggiore sviluppo dei servizi telematici nei diversi Paesi. Oggi Internet è un insieme di servizi aperto a tutto campo sul mercato, dall'utenza accademica e professionale all'utenza privata domestica. Al mondo della scuola dell'obbligo passa forse oggi la responsabilità finale di diffondere largamente, se non proprio le tecnologie stesse, perlomeno un'immagine dinamica del loro uso sociale possibile. Internet è stata originariamente sperimentata e prototipata nelle università. Spetta ora alla scuola di base diffonderla socialmente.

Glossario

Archie. È un sistema di ricerca connesso alla procedura di FTP anonimo. Archie consente di interrogare un database contenente dati sui file disponibili in siti FTP.

Baud; kilobit per secondo (kbps). Sono unità (diverse) di misura della larghezza di banda di una connessione di rete. Una velocità di 28,8 kbps, ad esempio, permette di trasferire 3600 caratteri al secondo.

BBS (Bullettin Board System). Si tratta di sistemi telematici centralizzati nei quali uno o più macchine server (attrezzate con modem per l'accesso esterno) fungono da centrali per lo smistamento di comunicazioni tra gli utenti. In genere le BBS sono sistemi telematici chiusi nei quali un gruppo di utenti può accedere a un ristretto insieme di documenti e servizi distribuiti su un server e la comunicazione è ristretta ai soli membri della BBS. Molte BBS, tuttavia, permettono lo scambio di informazioni con altre reti o addirittura con Internet. In questo caso la differenza tra un Internet provider e una BBS è praticamente nulla. Le BBS (proliferate negli Stati Uniti negli anni Ottanta) sono state le prime «comunità virtuali» create da utenti del PC.

Browser web. I browser per il web sono programmi che permettono di accedere e consultare documenti attraverso il protocollo HTTP. Secondo lo schema client/server, il browser è il client che permette di accedere a un server WWW. I server WWW non sono altro che programmi che girano sui computer destinati a distribuire informazioni su Internet. Originariamente sviluppati con una semplice interfaccia a caratteri (si veda Lynx, capitolo terzo, § 3) sono oggi in grado di funzionare come completi viewer multimediali nei quali testi, immagini, audio, animazioni e addirittura applicazioni (si veda *Java*) possono agire in modo coordinato. Il primo browser grafico per il WWW (Mosaic) è stato sviluppato nel 1993 da Marc Andressen (che ha successivamente fondato la Netscape, società di produzione dell'omonimo browser utilizzato nella nostra guida come viewer multimediale).

Client/server. Nel mondo delle reti la distinzione client/server ha un ruolo fondamentale e indica un particolare modo di funzionamento dei programmi di rete e degli stessi computer connessi alla rete. I client sono computer o programmi che utilizzano informazioni e dati disponibili sulla rete. Il compito di tali programmi è quello di accedere all'informazione distribuita dai server e renderla utilizzabile dall'utente. I server sono computer o programmi che offrono dati e informazioni alle altre macchine client connesse alla rete. Tutti i principali servizi Internet (e-mail, WWW, IRC, news, FTP ecc.) sono gestiti secondo questo schema. Ad esempio, un browser WWW è un programma client che permette l'accesso a un server HTTP (o server web).

Download/upload. È il trasferimento di file sulla rete dal server alla macchina dell'utente (*download*) o dall'utente alla macchina server (*upload*). Il protocollo più diffuso per il trasferimento file su Internet è FTP.

E-mail. E-mail o electronic-mail (posta elettronica) è il servizio più diffuso su Internet. Esso permette lo scambio di messaggi tra utenti e gruppi di utenti ognuno caratterizzato da un indirizzo individuale. I programmi di posta elettronica permettono di leggere, comporre, rispondere a, inoltrare, messaggi di posta. A un messaggio di e-mail è possibile allegare file di tipo diverso, facendo così di questo servizio uno strumento prezioso di trasferimento dati tra utenti individuali.

Emulazione di terminale. Un programma lavora in emulazione di terminale per condividere le risorse di un computer remoto. Il programma di emulazione trasforma il computer dell'utente in un semplice terminale di input (tastiera) e output (monitor) di dati che vengono effettivamente processati dal computer remoto.

Extranet. È l'estensione di un'intranet sulla rete Internet globale attraverso limitazioni all'accesso che permettono, per un gruppo di utenti delimitato, la simulazione del livello di protezione e di «chiusura» di una rete locale.

FTP (File Transfer Protocol). Si tratta del protocollo Internet dedicato al trasferimento di file. Attraverso FTP l'utente può collegarsi a una macchina remota (con un'apposita procedura di *login*; si veda più avanti in questo «Glossario») e condividere una certa area del sistema di file del computer remoto. Le operazioni consentite in una sessione di FTP sono regolate dal server FTP che gira sulla macchina remota e imposta i privilegi di accesso per diversi tipi di utenti.

Gopher. Era il più noto sistema di distribuzione di documenti su Internet prima dell'invenzione del web. I server Gopher presentavano indici di materiali di ogni genere (testi, audio, immagini ecc.).

Host. Su Internet, è qualunque computer sia individuabile attraverso un numero IP.

HTML *(Hypertext Markup Language).* Si tratta del linguaggio usato per comporre le pagine del web. Fondamentalmente è un insieme di «tag» o marcatori inseriti tra parentesi angolari i cui scopi fondamentali sono: formattare il testo e impaginare gli elementi grafici, marcare i riferimenti ipertestuali ad altri documenti a o da altre zone del medesimo testo, inserire oggetti come animazioni o video.

HTTP *(HyperText Transfer Protocol).* È il protocollo alla base del funzionamento del web. I server HTTP, o server web, permettono un accesso diretto a insiemi di documenti connessi secondo una struttura ipertestuale.

Hytelnet. Sistema reso obsoleto dallo sviluppo del web, Hytelnet era un database ipertestuale che raccoglieva informazioni gestite da siti diversi con un interfaccia di accesso molto simile al web prima del 1993 (prima cioè dello sviluppo dei browser grafici).

Internet. Si tratta della rete internazionale di reti di computer accomunate dall'uso dei protocolli di comunicazione TCP/IP, in contrapposizione ad altre reti telematiche basate su tecnologie differenti.

Intranet. È una rete locale basata sui protocolli TCP/IP.

IP (Internet Protocol). Assieme a TCP, si tratta di uno dei protocolli base di Internet che regola in particolare il funzionamento degli indirizzi degli host collegati. Tale protocollo definisce in particolare il modo in cui sono costruiti gli identificativi degli host connessi alla rete (o numeri IP). Un numero IP è, ad esempio, il seguente: 194.185.98.131. I numeri IP sono tipicamente associati a indirizzi nominali come: www.repubblica.it.

IRC (Internet Relay Chat). È lo strumento di chat più diffuso su Internet. I sistemi di chat permettono di scambiare messaggi scritti in tempo reale con uno o più utenti remoti. A IRC si accede attraverso appositi programmi client collegandosi a uno delle centinaia di server IRC esistenti su Internet. IRC è strutturato in canali tematici ai quali gli utenti possono liberamente collegarsi e che gli utenti possono facilmente creare indicandone il nome. Si può conversare su un canale o spedire messaggi privati a singoli utenti collegati. Per accedere a IRC è necessario scegliere un soprannome (*nickname*) con il quale si viene identificati per tutto il corso della sessione IRC.

ISP (Internet Service Provider). Sono gli operatori in grado di offrire accesso globale a Internet attraverso la propria rete di computer.

Java. È il linguaggio di programmazione elaborato dalla Sun Microsystems, che permette il trasferimento di applicazioni cross platform su reti telematiche. Applicazioni in Java possono essere oggi caricate da tutti i più diffusi browser WWW. Java introduce una trasformazione fondamentale nel mondo del WWW: da ipertesto di documenti multimediali a ipertesto di documenti e applicazioni.

LAN (Local Area Network). I LAN o reti locali sono gruppi di computer (normalmente residenti all'interno dello stesso edificio) collegati tra loro.

Login/Logout. In una sessione di Telnet, si tratta della procedura di connessione e disconnessione da un computer remoto. In una procedura di login viene normalmente richiesto lo *username* e la password relativa dell'utente.

Mailing lists. Sono gruppi di discussione realizzati attraverso la posta elettronica e gestiti da programmi come listserv su BITNET. Un messaggio spedito a una mailing list viene ricevuto da tutti gli utenti iscritti alla lista.

Modem (Modulatore/Demodulatore). È lo strumento che permette ai computer di comunicare tra loro attraverso le linee telefoniche. Il modem trasforma in entrata gli impulsi analogici delle linee telefoniche in segnali digitali (demodulazione) e viceversa in uscita (modulazione).

Newsgroups. Sono i gruppi di discussione organizzati in gerarchie tematiche. Tra le gerarchie principali si possono elencare le seguenti:

alt	gruppi di discussione libera su temi «alternativi»
bionet	biologia
biz	affari
comp	informatica
it	gruppi di discussione italiani
misc	miscellanea di temi non presenti in altre gerarchie
news	area di discussione sul funzionamento delle news
rec	hobby
sci	scienze

soc cultura e società
talk chiacchiere

Packet switching. La commutazione di pacchetto è la tecnologia (inventata negli anni Sessanta) che permette la trasmissione di dati tra computer. Il suo principio di base è la segmentazione dei messaggi in unità (pacchetti di dati) spedite indipendentemente sulla rete e ricomposte dalla macchina del destinatario.

Protocollo. Nel mondo delle reti telematiche si tratta di un insieme di regole che permette lo scambio di dati tra computer.

TCP (Transmission Control Protocol). Assieme allo IP è uno dei protocolli fondamentali di Internet che regola in particolare il meccanismo di trasferimento dei dati.

Telnet. È il protocollo per l'emulazione di terminale su Internet.

UNIX. È il sistema operativo più utilizzato dai server Internet.

Veronica (Very Easy Rodent-Oriented Net-wide Index to Computerized Archives). Si tratta di un sistema di ricerca per parole chiave sui documenti archiviati con il sistema Gopher. Veronica sta al Gopher come Archie sta a FTP.

WAIS (Wide Area Information Servers). È un sistema di *information retrieval* per parole chiave che permette di distribuire documenti testuali e multimediali.

World Wide Web (WWW, W3, web). È un ambiente Internet per la navigazione ipertestuale di documenti, materiali multimediali e applicazioni. Il World Wide Web – sviluppato nel 1990 al CERN di Ginevra – funziona sulla base del protocollo HTTP e permette un accesso semplice e di tipo ipertestuale a una miriade di servizi distribuiti sulla rete. A partire dal 1993, sono stati sviluppati browser con un'interfaccia grafica di navigazione per utenti che possiedono almeno un collegamento slip/ppp. Il www è l'ambiente più popolare di Internet: i contenuti distribuiti in questo ambiente e il numero di utenti raddoppiano ogni cinquanta giorni. Con l'avvento di Java è oggi possibile caricare nel browser non solo testo e materiali multimediali ma anche veri e propri programmi.

Una cronologia di Internet

Hobbes Zakon, R., *Internet Time Line* (http://www.isoc.org/guest/zakon/Internet/History/HIT.html).

Sulla storia dei media

Flichy, P. (1991), *Une histoire de la communication moderne*, La Découverte, Paris; tr. it. *Storia della comunicazione moderna. Sfera pubblica e dimensione privata*, Baskerville, Bologna 1994.

Marvin, C. (1988), *When Old Technologies Were New*, Oxford University Press, Oxford; tr. it. *Quando le vecchie tecnologie erano nuove. Elettricità e comunicazione a fine Ottocento*, UTET, Torino 1994.

Sulla storia di Internet

Hafner, K., Lyon, M. (1996), *Where the Wizards Stay up Late. The Origins of the Internet*, Simon & Schuster, New York.

Hauben, M., Hauben, R. (1997), *Netizens: On the History and Impact of Usenet and the Internet*, IEEE Computer Society.

Liner, B.M., Cerf, V.G. *et al.*, *A Brief History of the Internet*, Internet Society (http://www.isoc.org/internet/history/brief.html).

Quarterman, J.S. (1997), *Computer Networks and Conferencing Systems Worldwide*, Digital Press, Boston (Mass.).

Rheingold, H. (1993), *The Virtual Community*; tr. it. *Comunità virtuali*, Sperling & Kupfer, Milano 1994.

Salus, P.H. (1995), *Casting the Net. From ARPANET to INTERNET and beyond*, Addison-Wesley, Reading (Mass.).

Sulla situazione italiana

Chiccarelli, S., Monti, A. (1997), *Spaghetti hacker. Storie, tecniche e aspetti giuridici dell'hacking in Italia*, Apogeo, Milano.

Liscia, R. (a cura di) (1998), *Il mercato dell'editoria multimediale*, ANEE, Associazione Nazionale dell'Editoria Elettronica, Guerini e Associati, Milano.

– (1999), *L'anno della svolta*, ANEE, Associazione Nazionale dell'Editoria Elettronica, Guerini e Associati, Milano.

Pucci, E. (a cura di) (1996), *L'industria della comunicazione in Italia 1994-1995*, Fondazione Rosselli, Istituto di Economia dei Media, La Rosa, Torino.

– (1997), *L'industria della comunicazione in Italia. Terzo rapporto IEM. Competizione e «progetto Paese»*, Fondazione Rosselli, Istituto di Economia dei Media, Guerini e Associati, Milano.

Sul concetto di ipertesto

Antinucci, F. (1993), «Summa hypermedialis (per una teoria dell'ipermedia)», *Sistemi intelligenti*, a. V, n. 2.

Conklin, J. (1987), «Hypertext: An Introduction and Survey», IEEE (Survey & Tutorial Series, September).

Landow, G. (1992), *Hypertext. The Convergence of Contemporary Critical Theory and Technology*, The Johns Hopkins University Press, Baltimore; tr. it. *Ipertesto*, Baskerville, Bologna 1993.

Nelson, T. (1992), *Literary Machines 90.1. Il progetto Xanadu*, Muzzio, Padova.

Sul copyright

Dyson, E. (1997), *Release 2.0. Second Thoughts on the Digital Age*; tr. it. *Release 2.0. Come vivere nell'era digitale*, Mondadori, Milano 1997.

Rawlins, G. (1996), *Moths to the Flame. The Seduction of Computer Technology*, MIT Press, Cambridge (Mass.); tr. it. *Le seduzioni del computer*, il Mulino, Bologna 1997.

Dati statistici

European Information Technology Observatory (EITO), 1998.

European Information Technology Observatory (EITO), 1999.

Risorse on line

Baran, P. (1964), «On Distributed Communications», *Memorandum RM-3420*, RAND Corporation (http://www.rand.org/pubblications/RM/RM3420/).

Bush, V. (1945), «As We May Think», *The Atlantic Monthly* (http://www.aldus.unipr.it/tbd/bush.htm).

Engelbart, D.C. (1962), «Augmenting Human Intellect: A Conceptual Framework», *Summary Report AFOSR-3233*, Stanford Research Institute (http://www.histech.rwth-aachen.de/www/quellen/engelbart/ahi62index.html).

European Commission (1993), *Europe and the Global Information Society Recommendations to the European Council* (http://www.echo.lu/eudocs/en/bangemann.html).

Licklider, J.C.R., Taylor, R. (1968), «The Computer as a Communication Device», *Science and Technology*, April, p. 40 (http://www.histech.rwth-aachen.de/www/quellen/SRC61-Licklider.pdf).

Shapiro, N.Z., Anderson, R.H. (1985), «Toward an Ethics and Etiquette for Electronic Mail», Report R-3283-NSF/RC, RAND Corporation (http://www.rand.org/publications/MR/R3283/).

Task Force on Archiving Digital Information (1996), *Preserving Digital Documents,* The Research Libraries Group, Inc. (http://www.rlg.org/ArchTF/tfadi.index.htm).

I guru di Internet

Brockman, J. (1996), *Digerati. Encounters with the Cyber Élite*; tr. it. *Digerati. Dialoghi con gli artefici della nuova frontiera elettronica,* Garzanti, Milano 1997.

Negroponte, N. (1995), *Essere digitali,* Sperling & Kupfer, Milano.

Stampato nel mese di settembre 1999
dalla Litografica Abbiatense snc
Abbiategrasso (Mi)